LINGUAGEM CORPORAL

Dados Internacionais de Catalogação na Publicação (CIP)
(Câmara Brasileira do Livro, SP, Brasil)

Camargo, Paulo Sergio de
  Linguagem corporal: técnicas para aprimorar relacionamentos pessoais e profissionais / Paulo Sergio de Camargo. 4. ed. – São Paulo: Summus Editorial, 2017.

  Bibliografia
  ISBN 978-85-323-0707-1

  1. Comunicação não verbal 2. Linguagem corporal 3. Relações interpessoais I. Título.

10-06282   CDD-153.69

Índice para catálogo sistemático:
1. Linguagem corporal : Técnicas para aprimorar relacionamentos
   pessoais e profissionais :
   Psicologia 153.69

Compre em lugar de fotocopiar.
Cada real que você dá por um livro recompensa seus autores
e os convida a produzir mais sobre o tema;
incentiva seus editores a encomendar, traduzir e publicar
outras obras sobre o assunto;
e paga aos livreiros por estocar e levar até você livros
para a sua informação e o seu entretenimento.
Cada real que você dá pela fotocópia não autorizada de um livro
financia um crime
e ajuda a matar a produção intelectual.

Paulo Sergio de Camargo

LINGUAGEM CORPORAL

TÉCNICAS PARA APRIMORAR RELACIONAMENTOS PESSOAIS E PROFISSIONAIS

summus editorial

LINGUAGEM CORPORAL
Técnicas para aprimorar relacionamentos pessoais e profissionais
Copyright © 2010 by Paulo Sergio de Camargo
Direitos desta edição reservados para Summus Editorial

Editora executiva: **Soraia Bini Cury**
Editora assistente: **Salete Del Guerra**
Assistente editorial: **Carla Lento Faria**
Projeto gráfico e diagramação: **Triall**
Ilustrações: **Edgard Bolanho**
Capa: **Alberto Mateus**
Foto da capa: **Nelly Ampersand – Mauritius/Latinstock**

1ª reimpressão, 2021

Summus Editorial
Departamento editorial
Rua Itapicuru, 613 – 7º andar
05006-000 – São Paulo – SP
Fone: (11) 3872-3322
http://www.summus.com.br
e-mail: summus@summus.com.br

Atendimento ao consumidor
Summus Editorial
Fone: (11) 3865-9890

Vendas por atacado
Fone: (11) 3873-8638
e-mail: vendas@summus.com.br

Impresso no Brasil

Sumário

Introdução 7

1. Somos especialistas em linguagem corporal 9

Como os homens se comunicam, 10 • Comunicação linguística, 10 • Comunicação não linguística, 10 • O ato de comunicação, 11 • Importante: conjugue os dois, 11 • Comunicações não verbais, 12 • Principais funções da linguagem não verbal, 12 • Barreiras nas comunicações, 13 • Onde é aplicada a linguagem corporal, 14

2. Os movimentos corporais 16

O corpo trai, 20 • Movimentos de intenção: ação, 21 • Movimentos corporais e fala, 22 • Conclusão, 23

3. Os sinais primários: alegria, tristeza, raiva, medo, surpresa, desprezo, nojo 24

Tristeza, 26 • Raiva, 27 • Medo, 29 • Alegria, 30 • Nojo, 32 • Surpresa, 34 • Desprezo, 35

4. Os gestos 37

Introdução, 37 • Gestos e culturas, 39 • Funções dos gestos, 39 • Ilustradores, 41 • Adaptadores, 42 • Expressivos, 43 • Mímicos, 43 • Técnicos, 43 • Codificados, 44 • Simbólicos, 45 • Esquemáticos, 45 • Alternativos, 46 • Relíquias, 46

5. As mãos 47

Mãos suadas, 48 • Mãos com adornos, 49 • Simbolismos das mãos, 50

6. O rosto 59

O formato dos olhos, 60 • Os óculos, 61 • Manejo dos óculos, 62 • Tipos de olhar, 62 • Os movimentos oculares, 63 • Comportamento do olhar, 66 • Maneiras de olhar, 68 • Os lábios, 72

7. A voz 74

• Introdução, 74 • Paralinguagem, 75 • Estudos, 76 • Técnicas de avaliação, 77 • Tipos mais comuns, 78

8. O corpo 81
Cabelos, 82 • Tatuagens, 84 • Sinais de submissão, 85

9. As pernas e os pés 88
Os pés, 88 • As pernas, 89 • Posições, 90

10. Os sinais sexuais 95
Fases da paquera, 96 • Chamar a atenção, 97 • Fase de reconhecimento, 98 • Fase de interação, 99 • Fase de resolução sexual, 102 • Conclusão, 102

11. O espaço pessoal 104
Introdução, 104 • Principais distâncias, 105 • Rituais de espaço, 107 • Mesas, 110

12. Comportamento espelho: como criar empatia com os interlocutores 115

13. Objetos na linguagem não verbal: fotos, diplomas, armas etc .. 119

14. Como detectar mentiras 123
Sinais de mentiras, 126

15. Linguagem corporal durante a entrevista de emprego 134
Vestuário, 135 • Postura, 136 • Entrada, 136 • Cumprimentos, 137 • Contato visual, 137 • Espaços, 138 • Gestos, 138 • Fechamento, 139

16. Linguagem corporal nas vendas 140
Saudação, abertura corporal, 140 • Olhar direto, 141 • Controle dos movimentos: mãos visíveis, 141 • Manter atenção no interlocutor, 142 • Espelhamento, 142 • Mesas para negociação, 142

17. Resumo das características 143
Nervosismo, 143 • Frustração, 144 • Raiva, 145 • Humildade, 146 • Arrogância, 147 • Indecisão, 147 • Preocupação, 148 • Vergonha, 148 • Liderança, 149 • Atenção, 150 • Defensividade, 151 • Impulsividade, 151 • Estresse, 152

18. Tornando-se um especialista 154
Fatores, 156

Bibliografia 158

Introdução

De simples brincadeira de salão, a linguagem corporal, cujo estudo cresce a cada dia em nosso país, passou a ser apresentada como curiosidade nas páginas de entretenimento de revistas e jornais, para em seguida receber tratamento científico como tema de teses e dissertações nas principais universidades brasileiras.

O fato de ter-se transformado em assunto sério não foi suficiente para afastar aqueles que desejam apenas se divertir com alguns parcos conhecimentos sobre a forma inconsciente de comunicação das pessoas. Do mesmo modo, determinados profissionais da área, que procuram se apresentar com certa seriedade, muitas vezes não dominam consistentemente a leitura da linguagem corporal.

Estou convencido de que devemos nos aproximar o máximo possível do rigor científico. Mesmo assim, em hipótese alguma o leigo deve ser excluído do processo. Em todo caso, é importante que tal inclusão seja feita a partir de normas rigorosas e específicas, para que fique clara a importância do estudo científico ao qual a linguagem corporal está relacionada.

Todos os profissionais que atuam nas áreas de saúde, educação, jurisprudência, vendas e outras atividades que envolvem contato direto com o ser humano devem buscar competência na utilização da técnica. Faz-se necessário o conhecimento do método, de sua importância e de suas origens para que a aplicação se torne cada vez mais ética e confiável.

Com o propósito de dar uma contribuição nesse sentido, este livro surgiu após muitos anos de viagens, pesquisas e observações direcionadas à população brasileira, já que as publicações disponíveis focam, em sua maioria, o comportamento americano e europeu.

Tenho que agradecer a todos que me incentivavam, principalmente à equipe da Editora Summus pelo alto nível de profissionalismo na elaboração desta obra. Aos meus alunos e, em especial, à Angélica Mota, que de pronto compreendeu minha paixão por livros.

Assim, espero que este manual seja bastante útil para que você perceba a dimensão e a complexidade dos estudos de linguagem corporal. Ao mesmo tempo, desejo que ele possa aprimorar e potencializar suas habilidades nos relacionamentos pessoais e profissionais.

Boa leitura.

Dedico este livro a Adriana Cardoso e Helenita Fernandes, pelo sentido de ética que as torna ímpar.

O autor

Somos especialistas em linguagem corporal

O título acima pode levar você a se perguntar:

– Por que eu deveria comprar este livro?

A resposta é bastante simples. Embora desde criança estejamos em contato com a linguagem não verbal, vivenciando-a de forma prática, ela apresenta muitas características e regras que não conhecemos, mas que podemos aprender por meio de treinamento. Por isso, é necessário organizar de forma sistemática esses conhecimentos, para que eles alcancem sua verdadeira amplitude. O estudo teórico e a prática diária são fundamentais para o aumento da percepção e para a multiplicação dos acertos nas interpretações.

Muito antes de aprender a se comunicar utilizando as palavras, nossos ancestrais se valiam da linguagem corporal como forma de expressão. O ser humano primitivo articulava alguns sons e os complementava com gestos. No início, esses sistemas rudimentares de comunicação eram suficientes. Com o passar do tempo, no entanto, à medida que os grupos primitivos evoluíram, houve a necessidade de um entendimento mais claro e mais rápido. Essa situação determinou a evolução da linguagem, um processo muito lento, que demorou um longo período.

Isso quer dizer que a expressão não verbal evoluiu ao longo de milhares e milhares de anos com o acréscimo gradual de novos gestos, que foram lentamente incorporados ao dia a dia, à medida que se tornavam necessários. É bem provável que a maioria deles tenha sobrevivido até hoje e façam parte de nosso repertório, como o gesto de dizer não girando a cabeça para os lados, uma expressão comum a quase todas as culturas.

Este e muitos outros exemplos serão mostrados neste livro. Antes, vamos conhecer melhor as definições de linguagem não verbal.

Como os homens se comunicam

A comunicação humana é uma relação social que se estabelece entre duas ou mais pessoas que desejam trocar informações, ideias, e compartilhar sentimentos ou conhecimentos.

O ser humano utiliza inúmeros signos universais de comunicação: o choro, para expressar aborrecimento e tristeza; o sorriso, para manifestar alegria; o beijo e o abraço, para transmitir afeto. As pessoas não se comunicam apenas por meio de palavras, mas principalmente pelo corpo.

A linguagem corporal normalmente fica esquecida. Ensinamos nossos filhos a falar corretamente, mas não lhes ensinamos a linguagem corporal. No máximo, insistimos com eles em relação a algumas posturas. Como as nuvens que cobrem o Sol, a comunicação verbal faz o mesmo com a linguagem corporal.

O que nos resta são apenas resquícios desse tipo de linguagem, aquilo que é mais evidente, ou seja, sabemos observar quando alguém demonstra estados afetivos muito claros, como tristeza, cansaço, felicidade, raiva e outras expressões que não deixam dúvidas.

Comunicação linguística

Sistema de signos linguísticos usado pelos homens para transmitir pensamentos e sentimentos. Proporciona o conhecimento e permite a percepção da realidade, a transmissão da experiência e o progresso humano.

Comunicação não linguística

Códigos sistemáticos utilizados frequentemente na vida cotidiana. O sorriso amável, o aperto de mãos, o abraço.

Também existem os códigos convencionais em representação gráfica (códigos de trânsito, mapas e códigos numéricos), e outros que auxiliam na organização e identificação das pessoas (RG, CPF) e dos objetos (placas de carros, números de telefones).

O ato de comunicação

No processo de comunicação um conjunto de fatores atua necessariamente. Há o emissor ou pessoa que, mediante um estímulo, codifica, elabora e transmite para outra pessoa ou receptor uma informação, reação ou mensagem sobre o mundo ou sobre si mesmo, dentro de um referente ou contexto.

Para transmitir a mensagem, o emissor emprega um conjunto de signos que se combinam de acordo com certas regras — código ou língua. O meio de difusão é o físico — o canal.

Importante: conjugue os dois

A observação do comportamento de outra pessoa não pode ficar apenas no aspecto não verbal. Avaliamos com intensidade as ações verbais.

A pessoa que observamos pode estar dizendo alguma coisa, enquanto seu corpo "fala" exatamente o contrário. Por exemplo, quando uma criança, por educação, rejeita o doce oferecido pelo anfitrião, mas sua mão, seu corpo e seus olhos assumem a postura de quem gostaria realmente de comer a guloseima.

Transmissor — Receptor

Comunicações não verbais

Trata-se do principal foco deste livro, mas você jamais abandonará as informações passadas verbalmente. A roupa que a pessoa veste é uma forma de comunicação não verbal, assim como o corte de cabelo, a tatuagem etc. Entretanto, as comunicações essencialmente não verbais são emitidas pelo corpo:

- ❯ por mímica (gestos, movimentos corporais, expressões faciais);
- ❯ pelo olhar (as pessoas se "entendem" pelo olhar);
- ❯ posturais (por meio da posição do corpo);
- ❯ conscientes e inconscientes (gestos contrários à fala).

Estudos indicam que cerca de 55% da comunicação entre duas pessoas ocorrem de forma não verbal e 38% se dão pela tonalidade, intensidade e características específicas da voz, enquanto apenas 7% se realizam verbalmente. Estes dados sofrem variações de acordo com diversos autores, embora sejam sempre aproximados. Deve-se acrescentar também que os valores variam de acordo com a situação: população estudada, país, grupo de pessoas e outras características.

Grande parte do conhecimento da linguagem corporal está baseado em pesquisas científicas feitas em universidades ao redor do mundo. Para os especialistas, existem fortes evidências de que a importância das palavras na interação entre as pessoas é apenas indireta, pois as relações interpessoais são mais influenciadas pelos meios de comunicação não verbais.

As mensagens não verbais influem em cerca de 90% na avaliação das pessoas e parecem ter maior influência sobre o efeito total, em relação às mensagem verbais. Muitos oradores sabem disso e reforçam a mensagem não verbal por meio de gestos teatrais, sem se preocupar muito com a exatidão e com o conteúdo daquilo que dizem. Transmitem muito mais emoção do que informação.

Principais funções da linguagem não verbal

De acordo com Michael Argyle, existem cinco funções preliminares do comportamento corporal não verbal:

- expressar emoções;
- expressar atitudes interpessoais;
- expressar para acompanhar o discurso e controlar as sugestões da interação entre o emissor e os ouvintes;
- autoapresentação da personalidade;
- rituais (cumprimentos).

Tais procedimentos são expressos de forma consciente e inconsciente.

Como já mencionamos, muitos oradores são peritos na arte de controlar o público emitindo simplesmente sinais não verbais, muitas vezes em total conflito com o que dizem. O efeito prático é o seguinte: se o comportamento não verbal convence, não importa o discurso, mesmo que seja mentiroso e irreal.

Barreiras nas comunicações

Como especialista em comunicações não verbais, você deve estar bastante atento às barreiras que impossibilitam uma leitura mais apurada do comportamento das pessoas.

Nas minhas palestras, apesar de não gostar de certos políticos (de quase todos, para ser mais sincero), mostro muitos eventos nos quais eles são protagonistas. Contudo, não posso levar em conta minhas preferências para, assim, poder analisar as situações com total isenção.

Da mesma forma, evite as principais barreiras que se colocam nas comunicações, pois elas impedem a objetividade da avaliação. Seja isento.

Principais barreiras:

- egocentrismo (nos impede de aceitar o ponto de vista dos demais);
- atitudes e opiniões do receptor (só observamos aquilo que interessa);
- percepção que temos do outro (pode ser influenciada por estereótipos);
- transferência inconsciente de sentimentos (nos coloca em uma posição favorável ou desfavorável para com o interlocutor);
- projeção (são intenções que o emissor nunca teve, mas que teríamos no lugar dele).

Onde é aplicada a linguagem corporal

A comunicação não verbal é bastante abrangente e pode ser aplicada em quase todas as áreas do comportamento humano.

Não é privativa de determinado grupo ou profissão, assim como não requer escolaridade superior. Bons vendedores, com apenas o segundo grau, normalmente estudam e se aprofundam na linguagem corporal com grande sucesso.

Profissionais de todas as áreas ligadas ao elemento humano terão melhores resultados se tiverem acesso a esses conhecimentos.

Imagine as vantagens de conhecer as informações transmitidas pelo corpo do cliente em uma negociação. Mais ainda: saber se a pessoa está mentindo sobre determinado assunto. Nas entrevistas de emprego, extrair mais informações do candidato, tornando a seleção muito mais eficiente.

Em muitos casos, é fácil reconhecer de imediato se o participante de uma dinâmica de grupo fala ou não a verdade, se está ansioso, nervoso, preocupado, agitado. No judiciário, pode-se avaliar melhor o comportamento do réu e das testemunhas com relação à veracidade de seus depoimentos.

Os profissionais de saúde podem contar com um valioso recurso, cientificamente comprovado, para avaliar cuidadosamente o comportamento não verbal de seus pacientes.

Principalmente psicólogos e psiquiatras têm um recurso de grande eficácia para utilizar durante as sessões de análise, enquanto procuram avaliar seus pacientes.

Os gestores podem compreender melhor seus parceiros e subordinados.

Os professores tendem a avaliar com mais precisão os problemas dos alunos.

Para finalizar, lembramos que o comportamento corporal de determinados profissionais muitas vezes pode ser facilmente observado. Os militares, por exemplo, mesmo sem farda, mantêm a postura ereta, não raro com as mãos unidas nas costas. Mesmo assim, procure não generalizar. Tenha em mente coletar a maior quantidade de informações da pessoa ou grupo que você observa, antes de emitir qualquer comentário.

Os sinais não verbais são de vital importância para muitas profissões, especialmente aquelas que entram em contato direto com as pessoas e exigem a compreensão do ser humano em sua plenitude.

Os movimentos corporais

2

Segundo Corraze (1982), para o ser humano as comunicações não verbais se processam por meio de três elementos: o corpo, os objetos e a dispersão no espaço físico.

No primeiro caso, temos de focar essencialmente a fisiologia do movimento e as capacidades físicas do corpo.

Os objetos são associados ao corpo como as roupas, as tatuagens, os enfeites. Ao usar um *piercing*, tatuagem ou brinco, ou determinada cor, enviamos poderosas mensagens não verbais aos outros.

Os índios, quando se pintam para a guerra, especificam, por meio de cores vivas, normalmente o vermelho e o preto, suas intenções.

O espaço territorial exerce grande importância na forma de comunicação não verbal. Basta você entrar num elevador lotado, para mudar quase que completamente de atitude, o que inclui tom de voz, postura e modo de observar as pessoas.

A informação sobre o relacionamento entre duas pessoas é comunicada pela postura do corpo, pelo olhar e o contato físico. Percebe-se isso facilmente quando a namorada solicita algo ao amado. O dedo indicador é colocado na boca, o tom de voz tende a ser suplicante, a postura do corpo torna-se flexível, os olhos ficam quase fechados.

O termo *Kinesics*, desenvolvido pelo antropólogo L. Birdwhistell nos anos 1950, se refere ao estudo dos movimentos do corpo, das expressões faciais e dos gestos. Os comportamentos incluem o prazer mútuo do olhar e do sorriso, o calor facial, os comportamentos infantis, a orientação direta do corpo e outros.

Birdwhistell propôs o termo *kineme* para descrever a unidade mínima de expressão visual, buscando analogia com um fonema que fosse uma unidade mínima de som.

No presente capítulo vamos enfatizar o estudo do movimento nas formas de comunicação não verbal.

Regra básica: *"O mesmo movimento pode ter várias causas."*

Esta regra cria algumas dificuldades para determinados tipos de interpretações, que não raramente nos conduzem a erros graves. Como todo cuidado é pouco, vamos explicar melhor.

Ao interpretar determinado gesto ou postura, devemos analisar como se fosse um filme e não uma fotografia.

Veja, por exemplo, a figura a seguir. Ao observar pela janela, nossa conclusão mais óbvia é que a pessoa está correndo. Contudo, as causas que a levam a correr podem ser as mais diversas. Ela vai pegar o ônibus, ou está fugindo da chuva, de um cachorro bravo, do tiroteio da polícia etc.

Embora algumas vezes pareça impossível definir a causa de determinado gesto, ao adquirir uma boa experiência você será capaz de dizer

com exatidão o motivo que leva alguém a realizá-lo. De outra forma, as avaliações errôneas são comuns e você deve evitar uma opinião, se não tiver completa segurança.

Os manuais de autoajuda e as reportagens das revistas normalmente insistem em avaliar os gestos de maneira fixa. Mostram apenas a foto e a característica da pessoa. O resultado pode estar certo ou errado, pois a expressão da pessoa é facilmente flagrada pelo fotógrafo, mas nem sempre a foto mostra o motivo de tal expressão.

Observe a próxima figura. Congelada, parece que o homem vai dar um soco na vítima indefesa. Mas devemos considerar o conjunto. Pela postura,

Linguagem corporal 19

a mulher não demonstra que vai ser agredida. Também não conseguimos observar o movimento corporal do homem para detectar completamente suas intenções. A observação correta pode ser feita na figura complementar. Trata-se da entrega de um anel à feliz ganhadora do prêmio.

Ao observar os movimentos corporais, você não deve se ater somente a determinada parte do corpo ou da face.

Avalie os movimentos das mãos, dos pés, do tronco, da cabeça. Todos têm importância, em maior ou menor grau, e nenhum deve ser descartado. Procure observar as pessoas que estão ao lado, assim como os objetos, especialmente aqueles dotados de movimento.

20   Paulo Sergio de Camargo

Convém lembrar que muitos especialistas em comprovação de mentiras focam de maneira essencial a face, para reconhecer os microgestos que representam as mentiras. Mas não param aí. Ao mesmo tempo, estudam outras partes do corpo.

No início, talvez não seja tão fácil, mas você precisa prestar atenção na coordenação dos movimentos e ver como eles agem entre si.

Pessoas que apresentam certas enfermidades não coordenam completamente algumas partes do corpo. Assim, a agitação motora, os tremores nas mãos, os espasmos na face podem indicar doenças. No entanto, tome cuidado. Não saia por aí realizando diagnósticos médicos. Os tremores de frio são diferentes dos tremores causados pelo Mal de Parkinson.

Observe a intensidade e a rapidez dos movimentos, o tônus muscular e outros aspectos. "É o movimento que se faz palavra", afirma Corraze. "Talvez ele encerre a essência da linguagem corporal, assinalando que o corpo se comunica, mesmo destituído do verbo", declara Silva (2000).

Nas áreas de psiquiatria e psicologia, a comunicação verbal é importante para a avaliação do paciente. O especialista fica atento aos sinais não verbais e aos movimentos para observar se são coerentes ou não com as mensagens recebidas.

O corpo trai

A maioria dos sinais emitidos de forma inconsciente tem a mesma gênese, ou seja, idêntico padrão.

É muito difícil que uma pessoa com as mãos tensas, o corpo e o braço prontos para socar alguém, mostre uma face tranquila, sem nenhum sinal de tensão.

Outro exemplo é quando alguém chora de tristeza ou implora algo. Dificilmente seu tronco estará inflado como sinal de orgulho. A pessoa pode ser orgulhosa, mas a postura do momento será diferente.

Portanto, observe se as várias partes do corpo estão em sintonia ou apresentam contradição. Lembre-se do exemplo da ganhadora do anel.

Movimentos de intenção: ação

Emitir, receber e perceber sinais não verbais são processos que ocorrem de forma independente ou interdependente, dependendo da situação em que os indivíduos se encontram. Normalmente, não temos plena consciência do que está acontecendo e principalmente das causas que a situação determinaram.

É certo que a maioria das pessoas desconhece os ensinamentos teóricos sobre a linguagem corporal, como foi dito no capítulo anterior. Muitos desses conhecimentos são naturais, intuitivos e espontâneos. Quando estudados, podem se tornar habilidades, tanto para emitir como para receber sinais não verbais.

Alguns livros ensinam a enviar sinais não verbais nas entrevistas, em dinâmicas de grupos, nos debates. Isso é possível porque todos nós somos capazes de emitir e receber sinais não verbais, mesmo com a influência de múltiplas variáveis. São habilidades oriundas tanto da aprendizagem como da prática cotidiana.

De acordo com Knapp, quando estamos diante de outras pessoas, passamos a emitir certos sinais, mesmo sem movimentos aparentes, como o piscar de olhos, a respiração, o acionamento das sobrancelhas.

Algumas pessoas desenvolvem habilidades de compreender tais sinais, mesmo sem treinamentos específicos, assim como um "vidente" que observa as reações do cliente e "adivinha" tudo sobre ele. Embora existam esses especialistas em linguagem corporal, que agem intuitivamente, trata-se de ínfima parcela da população.

Mesmo atores experientes encontram dificuldades para enviar mensagens não verbais consistentes às outras pessoas. Em casa, tente reproduzir de maneira fiel o movimento de caminhar lentamente na rua. Você vai perceber que sua atitude sempre parece falsa, assim como o homem tentando imitar os gestos femininos.

Movimentos corporais e fala

Ao se comunicar, a pessoa envia mensagens não verbais que interagem com as mensagens verbais de seis maneiras: repetição, oposição, complementação, substituição, regulação e acentuação.

Repetição

São usados gestos para reforçar a mensagem verbal que está sendo passada.

Oposição

As mensagens verbais e não verbais podem transmitir uma oposição entre si. O exemplo é aquela criança que recusa educadamente o doce, quando na verdade seu corpo e suas mãos expressam exatamente o contrário. Esse tipo de comportamento reflete sentimentos contraditórios, de incerteza, e até mesmo frustrações.

Complementação

A interpretação exata das mensagens é facilitada quando o movimento corporal complementa a mensagem verbal. Ao falar de tristeza, o locutor coloca a mão nos olhos, como se fosse chorar. Quando se diz cansado, abaixa a cabeça e o tronco em claro sinal de desânimo.

Substituição

O movimento corporal às vezes é usado como o único meio de comunicação da mensagem. Todos sabem identificar as expressões faciais, os movimentos do corpo e seu posicionamento, que correspondem a intenções e sentimentos específicos. Alguns gestos, por exemplo, sinalizam que você quer interromper uma conversação. O dedo indicador levado em riste, de forma vertical, aos lábios, indica desejo de silêncio.

Quando a postura corporal não consegue comunicar eficazmente a mensagem, os métodos verbais são usados para realçar a compreensão.

Regulação e acentuação

Os sinais corporais são utilizados para alterar a interpretação das mensagens verbais. Os gestos e a tonalidade vocal, entre outros, são ferramentas para acentuar ou amplificar a mensagem emitida. Ao expressar verbalmente a raiva, a pessoa acentua, com o punho fechado e franzindo a testa, a mensagem que vocaliza. As mãos com as palmas voltadas para baixo diminuem a intensidade, o ritmo e a velocidade da conversação.

Conclusão

Quando se trata de avaliar as formas universais contidas nas mensagens não verbais, os mais diversos pesquisadores concordam que observar o movimento é apenas uma parte do processo.

Para uma completa compreensão, é necessário observar o contexto da situação, o espaço utilizado, o tom de voz, o timbre e o ambiente.

Leve em conta a nacionalidade da pessoa observada, sua origem, grupo, profissão. Não se trata de fazer prejulgamentos, mas de buscar precisão. Alguns povos, por exemplo, são pouco afeitos a contatos físicos. Outros, como os brasileiros, toleram mais a aproximação.

O significado geral daquilo que se observa depende de como os fatores estão relacionados. Dessa forma, fica definitivamente afastado o estudo de pequenos manuais ilustrados com fotos e suas legendas que relacionam a determinado gesto certa característica.

A avaliação deve ser sempre global.

Os sinais primários: alegria, tristeza, raiva, medo, surpresa, desprezo, nojo

Diversas pesquisas desenvolvidas por especialistas mostram a importância do modo de expressão humano e o interesse que desperta. A linguagem corporal chama a atenção de todos de forma quase imediata. Por que isso acontece?

Desde o nascimento, desejamos aprender os sinais que nos são enviados. É uma forma de adaptação. Para nossos ancestrais, um item básico de sobrevivência, pois saber interpretar determinados comportamentos era vital para o homem primitivo. E continuou assim, por milhares de anos, em aperfeiçoamento constante pela maioria das culturas.

O cientista americano Paul Ekman, contrariando muitos especialistas renomados da década de 1960, afirmou que as expressões humanas são universais e tinham origens biológicas. Suas observações estavam em concordância com o livro *A expressão das emoções no homem e nos animais*, de Charles Darwin, publicado em 1872.

Após o ceticismo inicial, e depois de pesquisar por várias décadas dezenas de culturas em continentes diferentes, Ekman provou que seu ponto de vista estava certo e de acordo com as observações de Darwin.

"Determinadas emoções e as expressões relacionadas a elas são universais, ou seja, todas as pessoas já nascem capazes de fazê-las e identificá-las. Por isso são chamadas de primárias."

Em suas pesquisas com tribos isoladas de papuas, na Nova Guiné, que vivem praticamente na Idade da Pedra, Ekman observou que os nativos identificavam facilmente as expressões de emoções nas fotografias de povos de culturas desconhecidas para eles.

Atribuíam as expressões faciais às descrições das situações. Com base nessas e em outras evidências, o pesquisador concluiu que algumas emoções presentes em todos os seres humanos eram básicas ou biológicas universais.

Inicialmente, Ekman estudou seis emoções: raiva, nojo, tristeza, alegria, medo, surpresa. Na década de 1990, acrescentou desprezo, culpa, vergonha, prazer, alívio, orgulho, constrangimento, satisfação, contentamento.

Todos esses sinais são avaliados em vários graus, que vão desde os imperceptíveis até os mais acentuados. É lógico que, quanto mais intensa, maior a facilidade de identificar a expressão. O contrário também é válido. Por isso, temos de observar atentamente uma pessoa antes de concluir de modo correto qual emoção ela sente. Convém lembrar que muitas vezes as emoções se misturam e mudam rapidamente, de um momento para outro.

A criança, por falta de habilidade, não consegue esconder os sinais que emite, por mais que sua comunicação verbal afirme o contrário. Seu corpo normalmente a trai quando tenta aparentar alegria em vez de tristeza. Com o tempo e as vivências, ela passa a controlar melhor os sinais, mas se torna quase impossível esconder determinados microssinais. Com um pouco de atenção, você vai atingir resultados consistentes nesse tipo de observação.

O especialista em linguagem corporal sabe que muitas vezes os sinais chegam duplicados, ou seja, junto com a surpresa, quase que de imediato a pessoa pode ficar triste, e a tristeza pode ser acompanhada por desprezo. Como tudo ocorre praticamente de forma simultânea, temos de ficar atentos à interpretação global.

A precipitação e a falta de conhecimento nos levam a erros básicos. O próprio Ekman descreve o "equívoco de Otelo" que, no drama de Shakespeare, interpreta o medo estampado na face de Desdêmona como traição, o que o leva a matá-la, pela percepção equivocada. Certamente você não vai chegar a tanto, mas não deve confundir desprezo com nojo.

Vamos observar os sinais primários e as mais diversas expressões da linguagem corporal. Fique bastante atento, pois algumas delas são parecidas e pode ser que no início você as confunda.

É natural que nos primeiros estudos haja confusão quanto ao fato de uma pessoa estar rindo ou chorando. Lembre-se de que as expressões mudam de um momento para o outro. Por exemplo, a surpresa pode se transformar em alegria.

Existem também as resultantes dos sinais. Medo + surpresa resultam em susto. Tristeza + raiva tornam-se mau humor. Alegria + surpresa transformam-se em deleite. Alegria + medo viram culpa.

Tristeza

A tristeza talvez seja uma das expressões mais fáceis de serem observadas. Trata-se de um sentimento que expressa desânimo ou frustração em relação a alguém ou a uma situação com a qual a pessoa não está de acordo. Muitas vezes é causa de depressão, reações emocionais e físicas, choro, insônia, falta de apetite e outros transtornos.

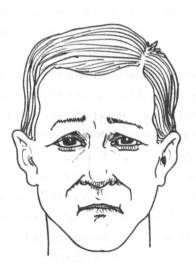

Esse sentimento pode ter origem na insegurança, na desilusão, na falta de autoestima, na inveja. Não raro, todos esses fatores estão associados.

Os sinais faciais que demonstram tristeza são inúmeros: as pálpebras superiores ficam levemente caídas e os cantos dos lábios se inclinam para baixo. As bochechas se erguem e produzem marcas de expressão, desde as narinas até os cantos exteriores dos lábios. Aparece uma ruga vertical na testa, entre as sobrancelhas. Os olhos parecem se estreitar, se fecham um pouco mais que o normal. Os cantos internos das sobrancelhas se levantam e se encostam, formando um dos mais confiáveis sinais, pois poucos conseguem fazer esse movimento voluntariamente.

A tristeza não se expressa apenas na face. Surgem outros indicadores físicos e fisiológicos, como a postura encurvada e a perda de tônus muscular. A voz sofre sensíveis alterações, fica "chorosa", em linguagem leiga. E a pessoa triste, ao procurar ajuda, pode fazer com que sua voz sofra uma regressão e assuma um tom infantil.

Raiva

A raiva é um estado emocional no qual se observam diversas variações, que vão desde a pequena irritação até uma agressividade intensa. Ela transforma o sentimento predominante, seja mental ou físico, quando a pessoa escolhe conscientemente um tipo de ação ou comportamento diante de uma ameaça.

A expressão externa da raiva se mostra nas expressões faciais, na linguagem corporal, nas respostas fisiológicas. Se for intensa, revela efeitos físicos claramente perceptíveis, como o aumento da pressão sanguínea e da frequência cardíaca.

Tanto nos animais como nos seres humanos, a raiva tem o objetivo de advertir agressores, para que interrompam o comportamento de ameaça. Por isso, ela se exprime com a exibição dos dentes, ao mesmo tempo em que os olhos se abrem ainda mais, a voz se amplia, o peito estufa. Na realidade, tem valor funcional para a sobrevivência da espécie.

Os pesquisadores atuais avaliam a raiva como uma emoção preliminar, até mesmo natural e madura. Se por um lado mobiliza recursos psicológicos para a ação corretiva, por outro, quando descontrolada, passa a influir de forma bastante negativa nos relacionamentos e no bem-estar pessoal.

Os principais sinais

Um dos mais importantes sinais de raiva ocorre quando os lábios se apertam levemente e ficam mais estreitos, o que é quase impossível de ser controlado. Muitas vezes, quando não há outros indícios, somente ele já denuncia a raiva.

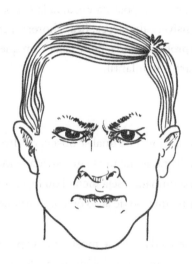

Os olhos ficam bem abertos, quase arregalados, e as sobrancelhas se aproximam e se abaixam em direção ao nariz.

As sobrancelhas também se aproximam das pálpebras superiores, enquanto a boca fica aberta e os lábios formam um retângulo.

Fisicamente, existe o impulso de se aproximar daquilo que provocou a emoção. A transpiração aumenta e a pessoa se torna ofegante. A circulação sanguínea se intensifica nas mãos, que se tornam mais quentes e prontas para golpear. A sensação física inclui sentimento de pressão, tensão e calor.

Enquanto isso, a frequência cardíaca e a pressão sanguínea sobem, deixando o rosto ruborizado. Há uma tendência em ranger os dentes e empurrar o queixo para a frente, quando a pessoa não coloca para fora de maneira verbal toda a emoção. É como se desejasse falar, mas sem conseguir, com a palavra entalada na garganta.

As tensões provocadas pela raiva, se reprimidas por longo tempo, podem ocasionar rugas no pescoço, indicando que a pessoa não consegue verbalizar suas necessidades e seus desejos.

Medo

O medo proporciona um estado de alerta decorrente do receio de fazer alguma coisa que pode representar uma ameaça, seja física ou psicológica. O pavor é a ênfase do medo.

Pesquisadores descobriram que o medo se expressa de formas semelhantes em seres humanos e nos animais. Também concordam que nosso comportamento de defesa parece remontar aos primórdios de nossa evolução, sendo comum a todos os seres humanos, pois as mais diferentes pessoas costumam ter reações mais ou menos iguais em situações semelhantes.

As reações defensivas são consideradas soluções dinâmicas para a sobrevivência. Diante do medo e do perigo, são utilizadas estratégias de reação universal, como fuga, imobilidade, agressão e submissão.

Sinais faciais

As pálpebras superiores se erguem e as inferiores ficam levemente contraídas. A testa se levanta e surgem rugas horizontais. As sobrancelhas se erguem e se juntam. O queixo fica caído e os lábios puxados na direção horizontal.

Sinais físicos e fisiológicos

O medo provoca reações físicas de várias intensidades, como aceleração cardíaca e tremor. Pode resultar em depressão e pânico.

A circulação sanguínea aumenta nas pernas, pois os músculos se preparam para correr. As mãos ficam geladas.

Existe a intenção de ficar imóvel, para não ser detectado, ou correr, para evitar ferimentos. A transpiração se intensifica e a pessoa começa a ofegar. A permanência nesse estado, durante um longo tempo, pode levar ao estresse.

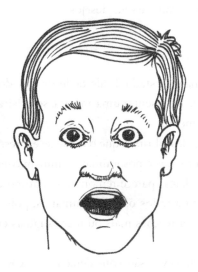

Alegria

Muitas teorias no plano religioso, filosófico, psicológico e biológico tentam explicar a alegria e seus mais diversos efeitos no comportamento humano. Sabe-se que ela está associada a vários sentimentos que se desencadeiam ao mesmo tempo. Também é notório que causa uma intensa satisfação, o que normalmente leva a pessoa ao desejo de prolongar indefinidamente a situação que originou tal emoção.

Em termos psicológicos, a alegria é uma das emoções mais construtivas que o ser humano expressa. Tanto, que o psicólogo americano Martin E. P. Seligman a descreve como uma união de emoções e atitudes positivas.

Embora seja muito difícil medir a quantidade de alegria que as pessoas sentem, existem alguns testes que tentam quantificar esse estado emocional.

Sinais faciais

Um dos ícones gráficos mais conhecidos em todo o mundo é o *smile*. No círculo que sorri, o autor captou de forma brilhante e simplificada tudo que ocorre em nossa face durante o momento de alegria, quando os cantos da boca são puxados para os lados e para cima.

Como especialista em linguagem corporal, você pode notar a diferença entre o riso fingido e o espontâneo. No segundo, é impossível controlar o músculo *orbicularis oculi*, que fica ao redor dos olhos, ele passa por uma contração e não conseguimos evitar a formação dos pés-de-galinha.

Já no sorriso fingido, a pessoa utiliza o músculo *zygomaticus*, que levanta de modo consciente os cantos da boca, forçando-os para cima. Ele

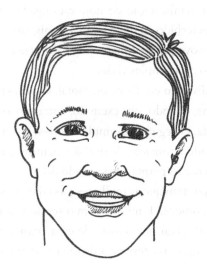

costuma ser chamado de "sorriso vagalume", pois é rápido e executado várias vezes. Demonstra falta de sinceridade.

Sinais físicos e fisiológicos

O riso que ocorre durante um divertimento intenso produz movimentos corporais que variam de acordo com a intensidade. É certo que a pessoa não consegue se conter, de tanta felicidade. Não consegue ficar parada, precisa se movimentar, mesmo que esteja sozinha. Pelo bem-estar que desperta, todos sentem uma grande necessidade de procurar a alegria. Os olhos tentam se fechar levemente, mas ficam entreabertos, enquanto as bochechas se levantam e as sobrancelhas se abaixam. Tudo praticamente ao mesmo tempo.

Nojo

No livro *The expression of the emotions in man and animals*, Charles Darwin descreve que o nojo se refere a algo revoltante. E com toda razão, pois trata-se de uma emoção tipicamente associada a coisas percebidas como sujas, incomestíveis ou infecciosas.

A primeira manifestação do nojo está ligada ao paladar, seja como algo realmente percebido ou imaginado. Depois, surge relacionado a qualquer coisa que provoque sentimento idêntico, seja por meio do olfato, do tato e até mesmo pela simples visão.

O nojo é dividido em físico ou moral. O primeiro está associado às impurezas físicas, quando, por exemplo, entramos em contato com uma comida estragada. O segundo exemplo refere-se a um sentimento similar, porém, relacionado a tomadas de decisão. Sentimos nojo de pessoas corruptas e não queremos permanecer ao lado delas.

Estudos apontam que as mulheres e as crianças são mais sensíveis ao nojo do que os homens. E mesmo sem o sentido da visão, as reações são iguais. Pode-se observar que o rosto de uma criança cega, que sente nojo, apresenta as mesmas características de uma criança com visão normal.

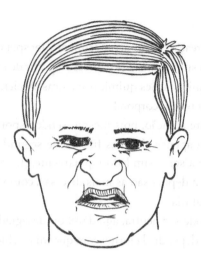

As alterações fisiológicas, que ocorrem em vários níveis, podem, em alguns casos, levar a pessoa a vomitar. A reação está associada à queda nos batimentos cardíacos. Ao contrário, no caso do medo ou da raiva, a frequência cardíaca tende a acelerar.

O impulso que o nojo provoca é fazer com que a pessoa procure se afastar imediatamente daquilo que causou a repulsa. Quando o contato é visual, ela vira a cabeça. Quando é olfativo ou gustativo, surge o desejo ou a simulação de vomitar. As palmas das mãos se erguem, como que para afastar o objeto repugnante, enquanto o tronco se inclina para trás. A sensação de desconforto passa para todo o corpo e a pessoa se mexe como se estivesse tomada por pequenos espasmos, em uma visível e incontrolável tentativa de se ajustar à situação ou expulsar o incômodo que se apoderou dela.

O lábio superior se levanta até o máximo. O lábio inferior se ergue e se projeta levemente para a frente. As narinas sobem e deixam ver várias marcas de expressão ao lado do nariz. Os pés-de-galinha ficam visíveis ao redor dos olhos. Também surge uma fenda, que segue do redor das narinas até os cantos dos lábios, formando um "u" invertido.

Surpresa

A surpresa é uma reação a um acontecimento inesperado. Quanto mais imprevisto, maior a surpresa. Ela se expressa a partir de impulsos nervosos provocados por manifestações químicas e físicas. Acelera o ritmo cardíaco e impulsiona a uma reação corporal.

Preste bastante atenção, pois mesmo sendo espontânea, involuntária, a surpresa dura apenas algumas frações de segundo, pois o impulso do inusitado tende a ser assimilado rapidamente, de várias maneiras. As reações que ocorrem depois são as mais diversas, como medo, alegria, espanto, felicidade, euforia.

A surpresa pode ser neutra, agradável ou desagradável. E a maneira como afeta o corpo depende da forma com que foi recebida.

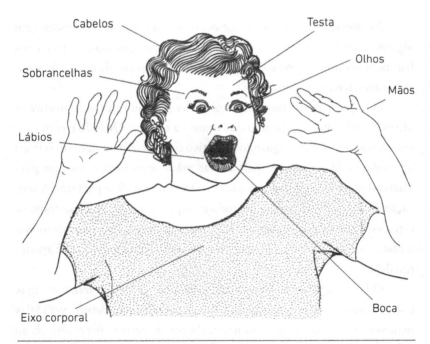

O especialista em linguagem corporal observa todos os dados em conjunto, para concluir qual é a expressão demonstrada.

Quando chega acompanhada de admiração, os olhos se fixam de maneira intensa no objeto que provocou a emoção. A pessoa parece hipnotizada por aquele fato. Um bom exemplo é quando alguém apaixonado encontra de repente a namorada.

A boca aberta e o queixo caído talvez sejam os sinais mais evidentes e mais executados, quando uma pessoa quer transmitir a outra um sinal de surpresa ou falsa surpresa. Não há sinais de tensão na boca. Diversas rugas horizontais aparecem na testa.

Em todo caso, o mais significativo traço de surpresa são os olhos que se abrem completamente, enquanto as sobrancelhas se levantam.

Desprezo

Desprezo é o sentimento ou atitude intensa de considerar alguém ou algo inferior ou sem valor.

Foi Darwin quem primeiro reconheceu a expressão facial dessa emoção. O cientista notou que partes do desprezo e da aversão sociomoral têm diversas características comuns, que podem ser confundidas entre si. Ele descreve que o nariz gira ligeiramente para cima, segue do giro para o bordo superior, criando o movimento que o enruga.

Durante muito tempo, inúmeras pesquisas foram realizadas para avaliar se a expressão do desprezo é reconhecível em diversas culturas. Parece que sim, pois alguns pesquisadores acreditam que essa emoção está estreitamente relacionada à aversão, o que gera uma característica gestual comum a vários povos. Tal expressão facial, que sinaliza de forma universal o desprezo, foi descrita por Ekman e Friesen, que destacam o desprezo em relação às outras seis emoções. A pessoa aperta e levanta ligeiramente o canto da boca, primeiro em um lado da face. Para muitos especialistas em linguagem corporal, o desprezo e a aversão revelam hostilidade e desaprovação do outro.

O professor Robert C. Solomon avalia o desprezo na mesma linha do ressentimento e da raiva. Para ele, há somente três diferenças básicas.

O ressentimento é dirigido a um indivíduo de *status* mais elevado. A raiva é dirigida a pessoas do mesmo *status*. O desprezo é dirigido aos indivíduos de *status* mais baixos.

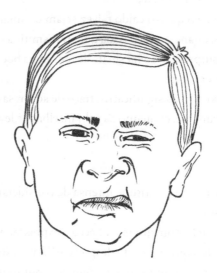

Sinais faciais

O queixo se eleva e a pessoa olha para o objeto da emoção como se o estivesse enxergando por baixo do nariz (nariz empinado).

Os cantos dos lábios se apertam e uma das extremidades da boca fica levemente levantada, configurando a expressão mais típica de desprezo. Quando extremamente exagerados, os sinais podem ser seguidos por uma expressão de nojo.

Os gestos

4

Introdução

As definições dos dicionários para a palavra gesto são genéricas. Insatisfeitos, os especialistas tentam de todas as maneiras encontrar significados mais precisos.

"Gesto é uma ação que emite um sinal visual a um assistente."

A definição do antropólogo Desmond Morris (1977) é bastante precisa. Nesse sentido, temos de considerar que o mais importante não são os sinais emitidos e sim a maneira com estão sendo recebidos.

Movimente uma das mãos de um lado para o outro, com a palma voltada para fora, mexendo apenas o pulso, na frente do tórax. Esse gesto é percebido como despedida e não tem qualquer significado quando estamos sozinhos.

Os gestos são movimentos do corpo, ou de suas partes, que são utilizados para transmitir ideias, sentimentos e intenções. Fumar, por exemplo, não é um gesto, mas a maneira de segurar o cigarro sim. Eles podem ser intencionais, como para chamar alguém, ou não intencionais, como cruzar as pernas e os braços ou morder os lábios.

Não há dúvida de que os gestos indicam quem você é. Eles funcionam como uma espécie de assinatura pessoal, uma verdadeira marca inseparável. Basta lembrar Sinhozinho Malta, personagem da novela Roque Santeiro, que mexia os punhos de modo peculiar. Também o gesto de Napoleão, com a mão direita por dentro do casaco, firmou-se como algo particularmente seu, intransferível, ao longo dos séculos.

Todas as pessoas são facilmente identificadas pelos seus gestos, seja o sorriso, a maneira de cruzar os braços, o modo como tocam os cabelos, a forma como manuseiam os objetos.

Emblema. Gesto de Napoleão com a mão dentro do casaco.

Os gestos estão divididos em várias categorias. Cabe ao especialista em linguagem não verbal conhecê-los em toda sua extensão. Alguns, no entanto, são classificados como gestos técnicos. São obrigatórios. Os motoristas, por exemplo, precisam reconhecer a mão espalmada do guarda de trânsito como uma determinação para parar.

Como vimos no capítulo anterior, os estudos de Paul Ekman demonstram a existência de características descritas como universais. O argumento do pesquisador americano teve como base observações feitas em crianças com deficiência visual congênita. Elas adotam as mesmas expressões de alegria, raiva, tristeza, medo, mesmo sem imitar quem as rodeia.

Linguagem corporal 39

O próprio autor, todavia, considera que em todas as culturas existem regras demonstrativas, ou seja, aquelas que determinam a adequação das expressões a cada situação.

Mesmo aqueles que não são especialistas em linguagem corporal podem observar que cada cultura dispõe de estilos faciais específicos e muitas vezes adaptam seus gestos aos locais em que vivem.

Gestos e culturas

Cada cultura tem seus gestos específicos. Eles variam de acordo com a região ou com o país. Às vezes podem ser parecidos, ou ter significados completamente diferentes.

São vários os exemplos. Batista, jogador de futebol da Seleção Brasileira, em um de seus primeiros jogos na Itália, após fazer uma falta, concordou com a marcação do juiz fazendo o sinal de positivo, com o polegar voltado para cima. Foi expulso imediatamente. Só mais tarde compreendeu o porquê do cartão vermelho. O gesto é considerado ofensivo na Itália.

Fazer figa, com o dedo polegar entre o indicador e o médio, significa sorte em algumas culturas. Em outras, sua conotação sexual chega a ser ofensiva.

Por isso, tome cuidado ao fazer determinados gestos em países estrangeiros. Para alguns autores, somente o sorriso é idêntico em todos os lugares do mundo.

Funções dos gestos

Os gestos têm as mais diversas funções. A mais evidente é substituir a fala. Estudos mostram a incrível capacidade que as crianças têm de se comunicar por gestos, antes de começar a falar. Por outro lado, é interessante notar como essa habilidade diminui à medida que a fala se aprimora.

Bons oradores sabem utilizar o poder dos gestos para enfatizar e dar ritmo aos seus discursos. Os gestos são usados para ressaltar aquilo que se pretende dizer. Eles auxiliam a comunicação verbal a ser mais efetiva. Para

40   Paulo Sergio de Camargo

muitos oradores, os gestos assumem maior importância do que o próprio discurso. Observe que na fala dos políticos muitas vezes não há conexão entre as palavras e os gestos realizados.

O bom orador utiliza uma vasta gama de sinais não verbais para convencer os seus ouvintes: distância interpessoal, orientação corporal, aparência física, posturas e outros recursos. Contudo, o gesto ocupa posição primordial. E não só no caso dos oradores, mas também das pessoas nas comunicações diárias. É importante perceber que os gestos podem ser manipulados. Certos indivíduos conseguem sorrir, chorar, franzir as sobrancelhas e expressar falsos sentimentos de forma deliberada.

Pesquisadores classificaram os gestos em várias categorias. Em 1969, Ekman e Friesen os definiram como emblemas, ilustradores e adaptadores.

Emblemas são atos não verbais com uma tradução verbal específica. Esse tipo de gesto é pouco utilizado em grupo, sendo mais frequente quando o silêncio se faz necessário ou quando queremos falar com alguém que se aproxima, mas estamos em uma conversa com outra pessoa.

Também chamados de autônomos, são atos não verbais que possuem uma interpretação verbal direta. Podem representar uma palavra ou frase, sem necessariamente ter ligação direta com a comunicação verbal propriamente dita.

Normalmente são utilizados quando não conseguimos a conversação verbal considerada ideal, quer por algum tipo de bloqueio ou mesmo pela distância do interlocutor. Sabemos que ele não pode nos ouvir, daí a necessidade de enviar um gesto emblemático, para que receba a informação com toda a intensidade.

Muitos desses gestos são escolhas conscientes, como "dar uma banana", que acontece quando a pessoa cruza a mão sobre o cotovelo do outro braço, que é erguido com a mão cerrada. A mensagem passada é bem expressiva e não deixa dúvida quanto ao seu conteúdo. Varia apenas na intensidade do gesto, que vai do desprezo até a raiva. Como em todos os outros casos, o especialista em linguagem corporal deve avaliar todo o corpo e as circunstâncias do evento.

O primeiro ministro inglês Winston Churchill é famoso por ter usado o emblema do V da vitória ao levantar os dedos indicador e médio, criando uma representação que foi utilizada também pelos *hippies* na década de 1960.

Outro gesto poderoso foi a posição do punho fechado utilizado por Mandela na África do Sul na década de 1990.

Punho cerrado. Mensagens poderosas emitidas por um simples gesto.

Ilustradores

São os gestos mais comuns, movimentos realizados principalmente pelos braços e mãos. Normalmente acompanham e auxiliam a fala. Muitas vezes são difíceis de serem separados, pois melhoram a comunicação e reforçam as informações a serem transmitidas pela linguagem falada.

Criar com as mãos a figura de uma bola e mostrar com o corpo como ela foi chutada é um bom exemplo de gestos ilustradores. Em alguns casos, o orador gesticula tanto que chega ao exagero. É um erro tentar substituir a falta de aprimoramento verbal por uma quantidade maior de gestos. Todas as pesquisas revelam que os gestos ilustrados são complementos, e não substitutos da palavra.

Para chegar a uma conclusão precisa, você deve observar se o discurso verbal concorda com o corporal. Caso sejam antagônicos, provavelmente a pessoa está mentindo ou em conflito com aquilo que diz.

Adaptadores

São aqueles gestos relacionados ao toque, que pode ser no próprio corpo, em objetos ou em outras pessoas. Eles indicam muitas características pessoais, culturais e situações como ansiedade, nervosismo ou inibição, já que projetam tensões interiores.

Muitos desses comportamentos adaptadores são realizados de maneira inconsciente. Mas o que os destaca é que podem existir diversos sentimentos envolvidos, alguns de cunho estritamente negativo.

Os especialistas os dividem em três tipos.

Há os *autoadaptadores* ou os autotoques, utilizados para aliviar o nervosismo, para criar conforto e proteção, como cruzar os braços ou esfregar as mãos. Assim, quando a mulher parada no sinal de trânsito coloca seu cabelo entre ela e o motorista do carro ao lado, trata-se de um gesto defensivo, de quem quer evitar contatos.

No caso dos *objeto-adaptadores* ou toque-objetos, existe a manipulação, o controle dos mais diversos tipos de objetos, que podem ser lápis, caneta, cigarro ou qualquer outro. Por exemplo, o marido que não para de movimentar a aliança no dedo indica alguma preocupação com o relacionamento conjugal. Da mesma forma, obviamente, tocar e ajeitar o relógio mostra preocupação com o tempo, indica pressa.

Há também os *outro-adaptadores*, que envolvem ações para arrumar o outro. Um dos gestos mais comuns é ajeitar a gravata ou o paletó do outro, ou retirar fiapos da roupa do interlocutor.

Alguns pesquisadores afirmam que o uso de adaptadores, especialmente os autoadaptadores, devem ser evitados quando em contato com o público.

Expressivos

Existem gestos biológicos que compartilhamos com os animais, sendo alguns mais exclusivos do ser humano. Os macacos, principalmente, são capazes de realizar muitos gestos, sem no entanto conseguir a gama de especialização que o ser humano produziu ao longo de sua evolução.

Os sinais faciais emitidos pelos seres humanos são extremamente desenvolvidos, incluindo microgestos quase imperceptíveis e difíceis de serem captados, mesmo por especialistas em linguagem não verbal.

Ao longo do livro analisaremos melhor esses gestos e suas interpretações na linguagem corporal.

Mímicos

Como o próprio nome diz, eles ocorrem quando tentamos imitar uma pessoa, um objeto ou acontecimento. Ao solicitar um cigarro, por exemplo, a pessoa une os dois dedos e os leva à boca, fazendo o movimento de fumar. Também pode fingir que escreve na palma da mão, para solicitar a conta ao garçom.

Muitos gestos mímicos são acompanhados de verbalização, como o cocorocó, para imitar uma galinha. Mas há os casos excepcionais de certos artistas que ao realizar mímicas praticamente excluem a palavra de sua comunicação.

Embora não sejam universais, muitos gestos são facilmente compreendidos por pessoas de outras culturas.

Técnicos

Para obter habilitação de motorista, temos de estudar dezenas de gestos técnicos realizados pelos guardas de trânsito. Muitos deles são acompanhados de apitos que também têm sua significação.

Alguns gestos técnicos são amplamente conhecidos, enquanto outros são de difícil interpretação. O sinal que indica pedido de tempo nos jogos esportivos, por exemplo, é fácil de ser reconhecido.

Diversas profissões utilizam gestos técnicos específicos, altamente restritos, que às vezes alguém realiza em público. Nesse caso, o especialista em linguagem corporal vai encontrar dificuldade para interpretá-los com precisão.

Gestos técnicos confundem o leigo e servem como linguagem hermética do grupo. Poucos os reconhecem.

Pare. Gesto técnico do guarda de trânsito.

Codificados

O exemplo mais fácil de ser citado é a comunicação gestual dos surdos-mudos. O que a diferencia dos gestos técnicos é a inter-relação que, em sequência, forma uma linguagem. O gesto técnico existe de maneira individual, envia mensagens de forma independente.

O nível de especialização que leva à compreensão da comunicação gestual é bastante alto.

Simbólicos

Os gestos simbólicos envolvem certa complexidade, pois exigem maior capacidade de abstração para serem executados. O mesmo gesto permite interpretações diferentes em cada país e pode motivar mal-entendidos que levam a conflitos entre nações.

Os gestos simbólicos se formaram ao longo da história e foram se modificando com o passar do tempo. Alguns perderam seu formato original. Por isso, os especialistas pesquisam suas origens e tentam encontrar explicações para eles.

No Brasil, girar o dedo indicador na altura da orelha significa algo ligado à loucura ou a algum distúrbio psicológico. No seu sentido mais profundo, pode exprimir que a outra pessoa esteja realizando algo errado, o que sugere insanidade.

Na Arábia Saudita, tocar a pálpebra inferior com o dedo indicador quer dizer estupidez. Em outros países, representa estar de olho, assim como desconfiança, aprovação, acordo.

O sinal da cruz, adotado pelos cristãos, é um gesto simbólico de proteção e respeito. Para muitas pessoas, cruzar os dedos diante de uma situação que pode beneficiá-las, tem o dom de proporcionar boa sorte.

Esquemáticos

Neste caso, temos simplificações dos gestos mímicos. A ideia não é imitá-los, mas enviar uma mensagem de maneira sucinta.

Desmond Morris afirma que eles representam uma espécie de taquigrafia gestual, em que não existe o realismo. Nem sempre são compreendidos por outras culturas e evoluem com o tempo e de acordo com uma dinâmica que, muitas vezes, os leva a perder seu vínculo com o gesto original.

Um bom exemplo é representar com os dedos os chifres do touro. Em nosso país, dependendo do tipo de conversa, tem conotação diferente. A pessoa pode estar falando mesmo de um touro ou de alguém traído. O gesto pode enviar dupla mensagem, dependendo do tempo e do lugar.

Alternativos

São gestos diferentes que podem emitir a mesma mensagem. Assim como existem diversas maneiras de dizer a mesma coisa, o mesmo acontece com nossa postura gestual.

Como dizer que a garota é bonita ou sensual? Basta fazer curvas com as mãos, na vertical, desenhando o corpo da mulher. O mesmo efeito é alcançado quando alguém balança as mãos paralelamente, com as palmas voltadas para dentro, fazendo referência ao tamanho dos seios. Para os mais velhos, beijar a ponta dos dedos unidos quer dizer a mesma coisa.

Existem inúmeras variações dos gestos alternativos, que são interpretados de acordo com a cultura e dependendo da região onde ocorre.

Relíquias

Os gestos relíquias são aqueles que ultrapassaram, em permanência, a situação que os originou. Por exemplo: antigamente, para telefonar, era preciso solicitar a ligação à telefonista. Para isso, o usuário girava a manivela, que compunha o aparelho, enquanto mantinha na orelha a parte do equipamento destinada a ouvir a conversação. Esse procedimento deu origem ao gesto de levar a mão fechada ao lado da orelha, para representar um telefonema. Muito tempo depois, com a evolução da telefonia, esse gesto foi substituído pelo movimento imaginário de discagem. Hoje, a mensagem não verbal consiste simplesmente em fechar a mão, deixando os dedos polegar e mindinho à mostra. Mesmo assim, há quem ainda leve a mão fechada até a altura da orelha para dizer: "me telefone".

A mania de mostrar a língua para os outros é um gesto de rejeição. Ele teria origem na infância, quando a criança recusa um alimento empurrando-o com a língua para fora.

Agora você já conhece algumas das classificações dos gestos feitas por estudiosos. Nos próximo capítulo, vamos descrevê-los de maneira prática, com as devidas interpretações.

As mãos

As mãos são fontes de mensagens não verbais dos mais diversos tipos. Não é sem motivo que muitas vezes ouvimos a frase: "ele fala com as mãos" ou "ela fala pelas mãos".

Isso acontece também porque as mãos desempenham um papel fundamental em qualquer tipo de comunicação. Seu movimento, que está ligado às emoções, é amplificado para enfatizar as palavras. Assim, a mensagem é transmitida com mais intensidade.

Embora não existam estudos conclusivos quanto ao porquê deste fato, todos sabem que nos países latinos o movimento das mãos é muito mais intenso e usual do que nos países saxões.

Sabe-se, no entanto, que quanto mais dificuldade a pessoa tem para se expressar verbalmente, utiliza com mais veemência os movimentos das mãos. Todos os oradores, sejam exímios ou medíocres, conhecem a eficácia desse recurso e gesticulam de maneira intensa, para serem compreendidos com mais exatidão. Essa técnica permite que a mensagem ganhe força e se torne mais acessível, sendo especialmente útil no caso de uma plateia com nível cultural menos elevado. O discurso é passado com uma carga emocional maior, independentemente do seu conteúdo.

Ao longo de nossa evolução, a utilização das mãos sofreu forte diferenciação entre os sexos.

As mãos das mulheres, embora menores, se tornaram mais flexíveis, mais adaptadas aos objetos, e atingiram um nível de especialização que o homem dificilmente conseguirá.

48   Paulo Sergio de Camargo

O homem primitivo não precisava de destreza para cuidar dos filhos, fazer comida e executar outros trabalhos domésticos. Ele estava direcionado para a força, tinha necessidade de produzir objetos, matar animais, carregar fardos e realizar serviços pesados. Resulta daí que as mãos masculinas são grandes e vigorosas, cerca de duas vezes mais que as mãos femininas, o que nem sempre é uma vantagem significativa.

São raras as mulheres que trabalham em áreas em que as mãos necessitam de força bruta, como na carpintaria, por exemplo. E como o sucesso das mãos não se mede pela força, mas pela precisão como executa os diversos movimentos, a mão feminina é praticamente imbatível.

A destreza feminina pode ser facilmente percebida no ato de escrever, pois a estabilidade do seu traçado é muito mais precoce do que nos meninos. Seus dedos mais finos e mais leves ajustam-se com mais precisão aos objetos. Diversas teorias dizem que, ao longo do tempo, a mulher precisou arrancar os alimentos da terra, atividade que a favoreceu com um instrumento muito mais preciso e eficaz.

O certo é que, de todas as partes do corpo humano, a mão se destaca como a mais expressiva em termos de linguagem corporal. Calcula-se que ela seja movimentada cerca de 25 milhões de vezes ao longo de uma vida. Além disso, a palma da mão, mesmo quando exposta ao sol, sempre se mantém clara, inclusive nos indivíduos de pele negra. Uma das explicações, com base em termos evolutivos, apoia-se em uma necessidade. Os gestos emitidos pela mão devem ter o máximo de visibilidade.

Mãos suadas

As mãos suadas indicam estado de tensão. Quando secas, mostram que a pessoa está relaxada, calma.

Quanto mais ansiosa a pessoa, maior é a quantidade de suor nas palmas das mãos. Segundo pesquisadores, a causa está em nossos ancestrais, que sofriam os mais diversos tipos de estresses físicos. Hoje, essa reação

Linguagem corporal   49

não seria mais necessária, já que muitas de nossas tensões têm origem psicológica.

Mãos com adornos

Há registros com mais de cinco mil anos que relatam o uso de adornos femininos nas mãos e nos dedos. Muitos não eram usados como adornos, mas sim como elementos de proteção contra os maus espíritos e para atrair sorte. Pinturas nas mãos também remontam a um passado distante. Os antigos egípcios já usavam a hena como tintura, um recurso praticado até os dias atuais por aqueles que não desejam tatuagens permanentes.

É interessante observar. Por mais que o rosto esteja protegido e renovado por cremes, cuidados e cirurgias plásticas, dificilmente as mãos escondem a idade das pessoas. Talvez por isso, e também para demonstração de *status* social, antigamente as mulheres chinesas deixavam as unhas crescer e as pintavam de ouro. O costume chegou até nós, mas o ouro foi substituído pelo esmalte. Atualmente existem centenas de cores e decorações para as unhas e alguns grupos usam determinadas tonalidades para se identificar.

Todo especialista em linguagem corporal deve entender que muitas vezes o adorno nas mãos serve para enviar mensagens específicas e conscientes. Um bom exemplo são os antigos anéis com o signo da profissão, ainda hoje usados principalmente por advogados e médicos.

De outra forma, a mensagem pode ser simplesmente inconsciente ou sem intenção, como no caso da menina que não encontra sua cor predileta na manicure e escolhe qualquer uma.

As mãos também podem indicar problemas de saúde. Inchadas, evidenciam excesso de comida ou bebida. Se estiverem rígidas, indicam artérias em más condições. Com as articulações dolorosas, revelam problemas de artrite. Úmidas, informam o consumo de líquidos em excesso. No nosso caso, é melhor deixar esse tipo de observação para os médicos. Assim

Simbolismos das mãos

Para que servem as mãos?

As mãos servem para pedir, prometer, chamar, conceder, ameaçar, suplicar, exigir, acariciar, recusar, interrogar, admirar, confessar, calcular, comandar, injuriar, incitar, teimar, encorajar, acusar, condenar, absolver, perdoar, desprezar, desafiar, aplaudir, reger, benzer, humilhar, reconciliar, exaltar, construir, trabalhar, escrever...

Início do poema "Monólogo das mãos", de Procópio Ferreira.

As mãos têm um conteúdo simbólico muito grande. Ele se faz presente principalmente no ato de pedir a mão em casamento, fazer juramento, bater continência.

Os mudras são posturas feitas com as mãos usadas na ioga e nas imagens sagradas do budismo. Visam despertar e harmonizar os centros energéticos do corpo.

A imposição das mãos nos ritos sacramentais da Crisma são ricos em significados e participam da simbologia cristã desde o Antigo Testamento. Demonstra autoridade e transmite responsabilidade.

Ainda na Igreja Católica, a mão direita abençoa e a esquerda excomunga. Por isso, na Idade Média, os canhotos não eram bem vistos e muitas mulheres foram acusadas de bruxaria pelo simples fato de utilizarem a mão esquerda. Mesmo nos dias atuais, o canhoto ainda não é visto com bons olhos em algumas partes do mundo.

Na maioria das forças armadas, em todo o mundo, a continência é feita com a mão direita. Realizá-la com a esquerda, em alguns países, é motivo de punição disciplinar, uma verdadeira heresia entre os militares brasileiros, por exemplo.

O simbolismo dos gestos sempre é estudado com afinco pelo especialista em linguagem corporal. Neste trabalho, contudo, vamos nos ater àqueles mais comuns, de visibilidade imediata, cuja interpretação não apresenta grandes dificuldades.

Sinais de batuta

Recebem este nome pela similaridade com os gestos do maestro comandando a orquestra. Normalmente, assinalam o tempo para o ritmo da fala. Mais ainda: enfatizam aquilo que queremos transmitir verbalmente. Muitas vezes esclarecem o conteúdo da fala.

Quando devidamente utilizados, transformam-se em poderosos instrumentos de oratória. Muitos deles são frutos de treinamentos intensos por parte dos oradores. Também mostram sua importância quando executados de forma inconsciente por pessoas dos mais diversos níveis culturais.

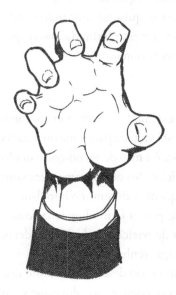

Sinais de batuta. A mão "tenta" agarrar e prender a atenção do ouvinte.

Indicador apontado

O dedo indicador apontado para determinado objeto tem a intenção de realçar sua importância. Quando direcionado a uma pessoa, trata-se de um gesto de dominação. Dependendo da tensão e da energia com que é feito, demonstra autoritarismo, hostilidade, agressividade, acusação.

A exacerbação ocorre quando os dois dedos indicadores são apontados simultaneamente. Nesse caso, muitas vezes a mensagem oral se perdeu e a ênfase está no gesto em si, na vontade de marcar posição de forma agressiva.

O dedo indicador voltado para cima indica ameaça. Normalmente é usado quando alguém nos contraria e estamos furiosos, exigindo que alguma reparação seja feita. Para Morris, provavelmente se trata de um gesto oriundo dos símios, que erguiam a mão para atacar. Em nossa sociedade, contudo, está mais focalizado nos efeitos e não age como substituto de uma arma.

Uma variante é aquela que, antes de apontar, a pessoa faz um círculo imaginário no ar, como se quisesse unir tudo e indicar a postura que vai ser tomada. Nesse caso, o caráter intimidatório do gesto original se perde e ganha apenas uma exigência mais firme.

Mãos estendidas

Nos gestos de mãos estendidas, precisamos primeiro observar a posição da palma da mão, se está voltada para cima ou para baixo.

No primeiro caso, é a mão do mendigo. O orador deseja que a plateia concorde com suas ideias. No outro, demonstra vontade de acalmar, controlar, colocar panos quentes, diminuir o impulso.

A palma da mão para a frente funciona como um pare, um alto lá. Trata-se de um gesto de rejeição, inclusive de ideias, e serve para afastar alguém ou um objeto que venha em sua direção.

Os gestos de batuta não devem ser confundidos com aqueles em que as palmas da mãos se estendem para o alto e que significam "estou querendo ser sincero". Sua origem talvez esteja na comunicação gestual de nossos ancestrais, que mostravam as mãos livres de pedras ou armas, quando mantinham contato com desconhecidos.

As duas palmas das mãos para trás, na direção dos troncos, como se fossem abraçar alguém, demonstram posição de conforto, querem conquistar a pessoa, envolvê-la na conversação, chamá-la para si.

A palma da mão para o lado revela o impulso de alongar, de chegar mais perto das pessoas, de ampliar o campo de ação. Quer dizer: "estou indo em sua direção, quero tocar você".

Mãos juntas

Esse gesto é usado pelo orador para diminuir a cadência do discurso. Ele passa a ter o conforto de dar as mãos a si mesmo. Pode indicar ansiedade e insegurança, principalmente se ocorrer logo após tê-las esfregado com os dedos. Caso sejam levadas unidas para frente, ou acima da cabeça, mostra a necessidade de entrar em sintonia com as pessoas que o escutam.

Mão fechada: golpe no vazio

Toda vez que os dedos se unem em forma de soco, a pessoa está assumindo uma posição de força. Dificilmente é um gesto ameno, de quem quer ceder. Ao contrário, o que se deseja é controlar a situação.

O punho fechado mostra a determinação da pessoa e indica que não há dúvidas sobre a mensagem enviada.

Outras vezes, quando o orador deseja controlar tudo, o gesto é realizado dando um giro no ar. E então a mão se fecha, como se agarrasse um objeto. Isso quer dizer: "quero assumir o controle da situação com meu ponto de vista".

Muitas vezes o gesto clássico de agarrar o ar é feito com a palma das mãos voltadas para cima com os dedos ligeiramente curvados, tensos, o que demonstra a necessidade de controlar a situação.

A mão fechada pode funcionar também como um martelo. Nesse caso, o golpe no vazio mostra agressividade. O locutor pode golpear a mesa ou enviar o gesto para a plateia ou contra ela, tudo vai depender da maneira como movimenta a mão. Se for em forma de estocada, estará dizendo: "sou forte e posso atingi-lo". De modo mais suave, será apenas um aviso: "tenho força para atingir você".

Procure avaliar com precisão as pequenas nuanças dos gestos, que muitas vezes podem gerar interpretações muito diferentes.

Aperto com as pontas dos dedos

Ao falarmos e apertamos as pontas do polegar e do indicador, ou também do médio, a mensagem é de precisão, de exatidão. O locutor quer demonstrar exatamente aquilo que fala. Normalmente feito no vazio, esse gesto também é chamado de pinça.

Quando a ênfase é maior, utilizam-se as duas mãos e o gesto adquire a "forma de saco". As pontas de todos os dedos se unem, com a palma da mão voltada para cima. Quando as palmas são apontadas para o próprio corpo, querem dizer: "estou sendo bastante preciso". Voltadas para fora do corpo, expressam: "defino com precisão aquele objeto".

Pinçar os dedos. Meticulosidade. Explicar.

A palma da mão

A palma da mão voltada para as pessoas é sinal de sinceridade e verdade. Os braços abertos, com as palmas voltadas para fora, fazem um sinal de sinceridade e aceitação: "estou de peito aberto para você".

Quando uma pessoa está se justificando, basta só observar a posição da palma de sua mão. Se for a venda de um produto, por exemplo, a justificativa é do porquê não deseja comprar determinado produto. Isso pode ser verdadeiro ou falso, de acordo com a direção da palma. A palma da mão voltada para o outro, com o braço no sentido horizontal, indica uma espécie de alto lá, pode parar, não ultrapasse o sinal.

A mão segurando o braço assinala frustração e tentativa de controlar-se.

A troca de anéis no casamento revela duas clássicas interpretações. Palma da mão voltada para cima: submissão. Palma da mão voltada para baixo: dominação.

Aperto de mão

Culturalmente, o aperto de mão é uma herança de nossos ancestrais, que levantavam as mãos para mostrar que não tinham armas. Até hoje as pessoas, quando são abordadas pela polícia, erguem as mãos com as palmas voltadas para fora.

Quando uma pessoa aperta a mão de outra e gira, na tentativa de colocar a palma da própria mão para baixo, mostra que está querendo dominar as relações. Se a outra aceita, é um indicativo de que se submete ao interlocutor. Basta observar quando aceitamos alguma coisa de alguém. A palma da mão para cima é um gesto de mendigo.

Quando as duas pessoas desejam ter o controle da situação ao mesmo tempo, o aperto é vertical. As tensões são contrárias, pois ao mesmo tempo em que não querem ser submetidas, desejam dominar.

O aperto de mão é agressivo, quando a mão estendida já está com a palma voltada para baixo ou quando as duas mãos seguram a outra.

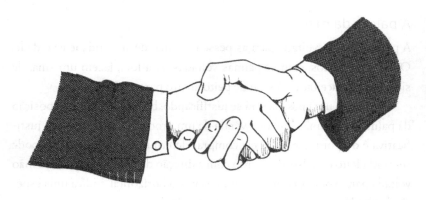

Aperto com a mão voltada para baixo. Um dos participantes deseja dominar a situação.

Socialmente, quem estende a mão primeiro é a autoridade ou o anfitrião, embora muitas vezes a regra não seja seguida em determinadas camadas da população.

O aperto de mão que puxa o braço e tenta trazer o outro é uma espécie de tentativa de invadir território, de dominar e criar intimidade.

Político e vendedor devem evitar o aperto de mão duplo e o impulso de puxar as pessoas para si. Os interlocutores normalmente têm aversão a esse tipo de cumprimento.

O aperto de mão precisa ser bem dosado, sem muita força, evitando os balanços e observando o tempo. Apertos prolongados podem passar a ideia de invasão de território e nem sempre são bem aceitos.

Já o aperto de mão firme e controlado, na medida exata, demonstra que a pessoa tem capacidade e correção para se manter no controle da situação, mesmo que existam conflitos. O aperto de mão fraco demonstra desconfiança, necessidade de manter distância e de controlar o espaço pessoal.

A saudação, seguida do contato visual com a outra pessoa, se transforma em uma tentativa de dominar a situação, especialmente quando se observa por cima da outra pessoa.

Pêsames

É normal realizar esse gesto com um firme aperto de mão, direto, com uma duração determinada pela intimidade que se tem com a pessoa. Depois, um abraço curto é a melhor maneira de expressar de modo eficaz os sentimentos, muito mais do que com palavras.

Esfregar as mãos

Esfregar as palmas das mãos indica que a pessoa cria uma expectativa positiva em relação às suas ações. Quanto mais rápido, mais excitada está a pessoa.

Esfregar as mãos como se as estivesse lavando, indica ansiedade, tensão.

O movimento de lavar, feito em círculos, ou enrolando as mãos, quer dizer: "vamos ver", "será que eu consigo enrolar?", "vou protelar a decisão".

Quem chega esfregando as mãos para o vendedor, pode estar dizendo: "o que você tem para me oferecer?" ou "responda aos meus anseios". Se as expectativas forem correspondidas, a venda será muito fácil.

Esfregando as mãos para cima: "ótimo, é comigo mesmo" ou "estou confiante e tenho boas expectativas em relação a esta situação".

As mãos em posição de oração indicam reflexão. Quando colocadas na boca, mostram que a pessoa está refletindo, para dizer algo.

Os dedos juntos

O gesto que reúne todos os dedos, deixando as palmas das mãos afastadas, é utilizado por pessoas autoconfiantes. Nas relações entre chefes e subordinados, os primeiros fazem esse gesto para mostrar confiança e até mesmo controle da situação.

Também é um gesto que indica "eu sei" ou "vou dividir por partes". Expressa opiniões ou ideias e normalmente é utilizado por quem fala, dificilmente por quem ouve.

Quando houver uma resposta de gestos positivos (mãos abertas, inclinação do corpo para a frente, cabeça para cima, sorriso e pernas descruzadas) mostra que o interlocutor está aceitando a opinião. Se for acompanhado de gestos negativos (mãos fechadas, palmas para trás ou para baixo, pernas cruzadas, bolsa na frente, olhar para o lado) significa que a pessoa quer se livrar do palestrante.

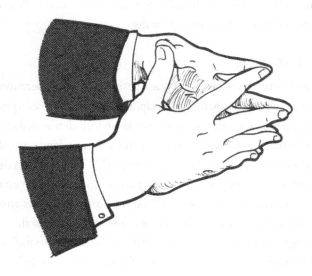

Dedos entrelaçados

Os dedos entrelaçados comportam três posições: na frente do rosto, no plexo solar (normalmente apoiados na mesa) e junto à cintura (normalmente de pé). Indicam atitude hostil, de prévia defesa e de frustração. A pessoa parece estar retendo uma atitude negativa.

Quando o indivíduo está sentado, com os cotovelos na mesa e os dedos entrelaçados na altura da boca, indica reflexão, retraimento, observação preocupada, preparação para tomar uma decisão.

Algumas vezes, os punhos e os dedos começam a mexer, indicando impaciência. A pessoa deseja livrar-se de algo que a atormenta ou a importuna.

Nos homens, quando a mãos estão cobrindo as partes genitais, indica defesa e atitude de inferioridade naquela situação. Nas mulheres, indica falta de desejo sexual: "Não estou disponível".

O rosto

Os olhos relevam inúmeras características comportamentais e transmitem os mais diversos tipos de informações. São poderosos instrumentos de observação para quem se interessa por linguagem corporal.

Segundo a tradição budista japonesa, a essência do corpo se apresenta no rosto e a essência do rosto se apresenta nos olhos.

De todos os órgãos dos sentidos, os olhos são os mais importantes. Cerca de 80% das informações que recebemos são captadas por eles. São quase 137 milhões de células responsáveis pela visão do preto e do branco e apenas 7 milhões de células cônicas para visualizar as cores.

A pupila é a abertura pela qual a luz entra para chegar até a retina. Com luz fraca, ela aumenta. Com luz forte, tende a diminuir, como forma de proteção. Complicado é explicar as causas que levam a pupila a dilatar diante de algo que nos atrai.

Estudos revelam que a pupila chega a triplicar de tamanho quando observamos algo que nos interessa, enquanto diminui consideravelmente quando estamos irritados. Aquela história do "olhar fulminante" pode ser explicada aqui.

A dilatação máxima das pupilas das mulheres ocorre quando elas observam mães acompanhadas dos filhos.

A pupila também sofre acentuada dilatação quando ficamos ao lado de uma pessoa do sexo oposto que nos interessa. Portanto, a combinação de pouca luz e interesses pessoais ampliam a dilatação da pupila. Não por acaso, os encontros de namorados em lugares com pouca claridade são mais românticos e despertam maior interesse dos parceiros.

A cor da íris varia em cada pessoa. Olhos castanhos escuros têm maior quantidade de melanina. Olhos azuis possuem menos pigmentos que os demais. Os olhos claros aparentemente ocorrem nas regiões menos ensolaradas do planeta.

O homem é o único primata que apresenta o "branco dos olhos". Trata-se de um componente especial, que tem grande importância nas relações pessoais, pois assinala a posição dos olhos e a direção que fitam. Dessa forma, a pessoa observada sabe que está recebendo atenção.

A dança dos olhares é muito significativa entre parceiros e nas rodas sociais. Em alguns países, observar atentamente o interlocutor significa desrespeito.

Pesquisas demonstram que os povos ocidentais dedicam 61% do tempo de conversação observando o interlocutor. Quem fala, tende a observar o outro entre 40% e 60% do tempo. Já o receptor utiliza 71% do tempo fixando os olhos no outro. Como dica de uma boa conversação, observe a outra pessoa fixando um triângulo entre os olhos e a boca, durante a maior parte do tempo.

Ao redor dos olhos existem as pálpebras, que possuem cílios curvos com bordas oleosas. Quando alguém pisca, umedece e limpa as córneas, o que auxilia a secreção das lágrimas. Aumentar a quantidade de piscadelas indica ansiedade em relação ao que é observado.

O ser humano é o único animal que chora. Isso ocorre nos momentos de intensa emoção. A glândula lacrimal começa a produzir mais lágrimas do que pode drenar. Além de lubrificante, as lágrimas têm função bactericida e protegem os olhos das infecções. Portanto, acredite no antigo conselho de que chorar de vez em quando faz bem.

Os cerca de duzentos cílios que possuímos têm a função de proteger acima e abaixo dos olhos. Não clareiam, como os demais pelos do corpo, e duram cerca de três a cinco meses, o mesmo tempo das sobrancelhas.

O formato dos olhos

No mundo da publicidade, é muito comum que os olhos das modelos sejam alterados para parecerem mais redondos e claros. A pupila também é aumentada para chamar a atenção das pessoas. A maquiagem potencializa todas essas transformações, como um recurso para mostrar que a modelo está "interessada" em quem a observa.

A neotenia (grego: *neo*, novo – latim: *tênia*, manter) é uma das mais interessantes características do ser humano. Diz respeito aos traços jovens mantidos nos adultos, sejam comportamentais ou físicos.

Assim, os olhos redondos do bebê servem para os observadores responderem com determinada forma de comportamento. Olhos redondos inspiram cuidados e passam a mensagem de não agressão. Quando na companhia de outras pessoas, especialmente de pais e mães, muitas crianças, de forma inconsciente, dilatam as pupilas para chamar a atenção. Nos adultos, essa dilatação reforça a busca de atenção e a procura de cuidados especiais.

A maioria dos filhotes tem olhos assim. Não por acaso, ocorre o mesmo com os personagens infantis de desenhos em quadrinhos. Observe Mônica, Cebolinha, Pato Donald e outros. Esse tipo de traço alcança sua máxima expressão nos mangás japoneses, em que os olhos redondos ocupam lugar de destaque na face dos personagens.

Embora tenha muito a ver com a expressividade, o formato dos olhos não é levado em consideração pelo especialista em linguagem corporal.

Os óculos

Os óculos ultrapassam em muito a função objetiva de melhorar a visão. São componentes estéticos e fazem parte da expressão gestual. Em certos casos, atuam como objetos de poder, pois certas marcas sofisticadas e caras expressam, além de bom gosto, a capacidade financeira do usuário.

Existem vários estereótipos que o especialista em linguagem corporal evita, para não ter uma percepção errônea. O leigo, no entanto, tende a levar em conta esses dados, que na verdade são irrelevantes. Por exemplo, normalmente as pessoas que usam óculos de aros finos são tidas como inteligentes. Lentes grossas demais denotam menor capacidade intelectual.

62   Paulo Sergio de Camargo

Aros pesados e de cores escuras passam maior seriedade e colocam o usuário em posição de maior importância. Tudo bobagem, cuja origem está na caracterização de personagens de filmes e da televisão.

Manejo dos óculos

Quando a pessoa leva uma das pontas dos óculos à boca, a linguagem não verbal diz que está pensando, refletindo atentamente a respeito da questão, mas também quer ganhar tempo para decidir.

Os óculos escuros são usados por muitos negociantes, em todo o mundo. Visam encobrir os movimentos oculares, especialmente a dilatação da pupila, que indica interesse pelo que está sendo examinado. Os antigos negociantes chineses, e também de outros povos, davam especial atenção a esse detalhe quando negociavam.

Em suma, os óculos escuros ajudam a esconder poderosas mensagens não verbais de quem os utiliza.

Morder as pontas dos óculos indica tensão, preocupação e ansiedade em relação ao que é observado.

Muitos oradores são especialistas em manipular os óculos durante suas palestras. Fazem pausas estratégicas ao tirar e colocar os óculos. Limpam as lentes antes de reiniciar os discursos. Fazem silêncio e procuram defeitos imaginários nos óculos.

Olhar por cima dos óculos é um gesto negativo. Observar as pessoas desse modo assinala que estamos analisando seu comportamento de maneira atenta e por vezes invasiva. Evite esse tipo de olhar, pois normalmente provoca uma reação desfavorável no interlocutor. Em casos de negociações, vendas e contatos iniciais, o resultado é ainda pior, pois esse gesto passa uma imagem de pessoa arrogante.

Tipos de olhar

Basicamente, destacam-se três tipos principais de olhar. O olhar profissional, o afetivo e o sexual.

No primeiro caso, os olhos observam diretamente os do interlocutor e abrangem uma área formada por um triângulo imaginário em sua testa. Nesse tipo de contato, você coloca a pessoa sob pressão. O relacionamento passa a ser impessoal. Há certo ar de superioridade. Muitos entrevistadores, durante o recrutamento de pessoal, usam esse tipo de olhar para inibir candidatos que desejam fazer graças ou piadas.

Deve ser utilizado apenas nos primeiros momentos, para que a seriedade da conversação seja estabelecida. Depois, evite essa atitude, pois denota agressividade, poder e intimidação.

Uma vez estabelecido o contato profissional, utilize o olhar social ou afetivo. O triângulo é feito com um dos vértices na altura dos lábios e a base entre os dois olhos. Assim, há mais amenidade e o contato se torna mais agradável.

O terceiro tipo de olhar é o sexual. Muitos homens o realizam de forma inconsciente. Após olharem nos olhos, o vértice do triângulo desce até o colo, perto dos seios.

Em casos mais agressivos, o triângulo tende a descer até a região pubiana. Mesmo de modo inconsciente, e geralmente praticado por ambos os sexos, esse olhar invade a intimidade e precisa ser evitado.

Meu conselho a todos os homens, especialmente aos que lidam com vendas e mantêm contato com mulheres, é que evitem o olhar sexual. Isso vale também para elas, que costumam ser bem mais discretas. Além de agressivo, esse olhar muitas vezes constrange intensamente o outro. Por causa dele, pode-se perder a venda ou atropelar a entrevista de emprego.

Uma variante do olhar sexual é o "escaneamento" da pessoa, que passa a ser medida da cabeça aos pés. Ninguém gosta de passar por isso. Poucas pessoas aceitam essa invasão, a não ser que queiram ser notadas.

Os movimentos oculares

Os movimentos oculares, que ocorrem durante a comunicação entre duas ou mais pessoas, recebem o nome de *occulesics*.

Olhar profissional

Olhar afetivo

Olhar sensual

Nossos estudos incluem formas de evitar contatos e movimentos indesejáveis. Também analisam o girar dos olhos para os lados e os modos de observar uma pessoa.

Os movimentos oculares variam de acordo com as culturas e nacionalidades. No Japão medieval era proibido olhar o imperador. Em alguns países, as mulheres se sentem ofendidas ao serem encaradas de modo seguido.

A movimentação dos olhos é facilmente observada durante as conversações, mas isso não quer dizer que seja fácil de ser interpretada, mesmo passando informações não verbais intensas sobre o que dizemos e até pensamos. Mesmo um especialista nem sempre consegue fazer uma avaliação imediata, pois a movimentação ocorre com espantosa rapidez e muitas vezes dura frações de segundos.

Somente com câmeras especiais podemos observar tais variações. Portanto, é preciso ter cuidado para não tirar conclusões precipitadas. Aqui, como em todo o livro, recomendamos boas doses de cautela.

Observe a figura a seguir. São seis posições básicas para as quais os olhos se dirigem.

O esquema normalmente leva em conta pessoas destras e o ponto de vista é como ela nos observasse.

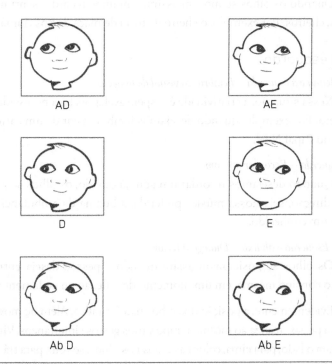

Os movimentos oculares.

Lado direito

AD – Acima e à direita. Construção mental de imagens

Os olhos se movem nessa direção quando desejamos criar uma imagem mental. A construção mental de imagens requer criatividade. Pense, por exemplo, em um elefante amarelo com bolinhas pretas, ou no saci-pererê branco. Os olhos naturalmente se movem na direção indicada. A construção de imagens pode ocorrer antes de uma mentira.

66   Paulo Sergio de Camargo

D – Direita – Construção de sons
Toda vez que a pessoa pensa em criar um novo tipo de som, os olhos se movem para a direita.

Ab D – Abaixo e à direita – Recordar sentimentos
Quando os olhos se movem assim, tentamos recordar sentimentos, gostos, cheiros. Por exemplo, o cheiro da torta de maçã de nossa infância.

Lado esquerdo

AE – Acima e à esquerda – Lembrança visual de imagens
Nessa situação, a criatividade é dispensável, pois há a necessidade do concreto. Por exemplo, quando desejamos lembrar a cor de um carro ou a roupa do Papai Noel.

E – Esquerda – Recordar um som
Quando desejamos recordar um som já ouvido, os olhos se movem nessa direção, seja nossa música preferida, a buzina da ambulância ou a voz de um conhecido.

Ab E – Esquerda e abaixo – Diálogo interior
Os olhos se posicionam assim quando a pessoa deseja entrar em contato consigo mesma, em um momento de reflexão ou isolamento.

Evidentemente, a posição dos olhos não é estática. Além de movimentá-los, a pessoa realiza ao mesmo tempo vários gestos simultâneos. Vira a cabeça para o lado, para cima, coloca as mãos nos olhos, se volta para trás etc.

Não é demais ressaltar os cuidados a serem observados, especialmente na avaliação dos sinais de mentira gerados pelos movimentos oculares. O tema será estudado mais detalhadamente no Capítulo 14.

Comportamento do olhar

A maioria dos seres humanos tem enormes dificuldades para encarar seus semelhantes. Quando estamos cara a cara com alguém, desencadeiam-se diversos movimentos oculares dos mais variados tipos, assim como outras reações corporais.

Desmond Morris (1977) diz que "não há uma, mas várias razões que talvez nos levem a olhar para alguém e várias outras que talvez nos levem a olhar em outra direção".

Pessoas tímidas tendem a evitar olhar diretamente para os olhos de outras pessoas.

Os namorados fazem um intenso jogo de observação direta e fuga, que tende a diminuir com o tempo. De modo inconsciente, os jovens amantes tentam verificar a dilatação da pupila no parceiro, sinal de que o sentimento é correspondido. Se houver contração, isso demonstra que não há contrapartida amorosa na mesma proporção.

Nos elevadores, é muito comum que se evite olhar diretamente para outra pessoa, mesmo que ela more no mesmo prédio. Chega a ser engraçado observar que os passageiros parecem procurar algo no chão, tal é a necessidade de evitar o olhar direto.

Os lutadores de boxe, antes do início da luta, se encaram sem piscar. Existe o desejo de demonstrar autoconfiança, de intimidar o oponente e não aparentar medo.

O olhar fixo, durante muito tempo, normalmente produz um efeito ameaçador. Por isso, é difícil de ser sustentado. Basta lembrar a brincadeira infantil do "quem pisca primeiro". Entre os amantes não existe esse desafio. Assim, o olhar pode ser prolongado por um tempo acima do normal.

O mesmo não ocorre entre pessoas de níveis hierárquicos diferentes. O subordinado tende a baixar os olhos para o superior, especialmente se há algum problema ou se ele espera ser repreendido. Desviar-se do olhar direto do chefe demonstra o medo de ser punido. Quando os olhos do subordinado miram para baixo, em direção ao chão, ocorre a submissão, não existe o confronto. O chefe domina a situação e muitas vezes resolve não punir o assistente. Já o olhar do subordinado voltado diretamente para seu superior normalmente é interpretado como desafio à autoridade.

É comum, nas partidas de futebol, o jogador que reconhece a falta abaixar a cabeça e não olhar diretamente nos olhos do árbitro. O gesto de submissão se completa com as mãos unidas atrás.

68 Paulo Sergio de Camargo

Quando existe o confronto, o jogador estufa o peito e olha diretamente para os olhos do bandeirinha que marcou um impedimento ou falta inexistente. Nos olhos do jogador faltoso observa-se a raiva e/ou o medo de ser expulso. Nos olhos dos namorados observa-se o amor.

Em todos os casos, olhar diretamente é sinal de agressão ativa e/ou medo ativo, dependendo do comportamento da pessoa que olha. Quanto mais intensa for a situação emocional, mais o rosto vai refletir esse comportamento.

Normalmente os contatos visuais se fazem de maneira mais amena. As relações sociais amenizam as tensões, quer sejam agressivas, sexuais ou de medo.

É óbvio que, ao observar uma mulher atraente, o rapaz não vai mostrar a intensidade dos desejos de forma explícita. O mesmo ocorre quando determinado político debate com o seu adversário. Nesse caso, a raiva é intensamente socializada (ou nem tanto, nos tempos atuais). Os sorrisos são expressos de maneira forçada, quase formais.

Devemos levar em conta que os sorrisos são muito mais fáceis de serem controlados do que o olhar, pois muitos movimentos oculares são realizados de maneira inconsciente. A princesa Diane tinha o hábito de olhar para os lados e inclinar a cabeça na mesma direção. O gesto acrescentava graça e sexualidade aos seus movimentos. Aliado ao olhar infantil, projetava fortes sentimentos, que eram captados por quem a observava.

A brevidade ou a intensidade dos olhares mostra o interesse que temos pelas pessoas. Quanto menos contatos visuais, menor a vontade de manter a conversação.

Maneiras de olhar
Olhar firme, direto

Coragem, vontade, determinação, capacidade de decisão. Segurança pessoal, atividade, intensa necessidade de realizar. Liderança e prontidão.

Embora possa parecer contraditório, o olhar de reprovação e desagravo evita de maneira intencional os olhos da outra pessoa ou, ao contrário, observa de modo intenso e enérgico. No caso de desaprovação, diz: "não quero nem olhar para você, pois desaprovo totalmente o que você fez". O gesto se torna acentuado quando a pessoa dá as costas para o outro.

Olhar distante

A pessoa parece que está ausente. Introversão, contatos consigo mesmo. Preocupação, tendência a melancolia. Relações afetivas com fortes doses de tristeza e sentimentalismo. O olhar se perde no horizonte. Muitas vezes esse distanciamento está ligado à intenção de ocultar emoções ou sentimentos.

Baixar os olhos

Submissão, modéstia. Indica que a pessoa aceita a ideia do outro. Usado normalmente por subordinados. Muitas vezes, a cabeça tende a acompanhar os olhos, desviando-se para o chão. A pessoa que está frente ao superior, mas não se submete, nem sempre encara, mas desvia os olhos para a direita ou a esquerda.

Olhar para o céu

Normalmente usado de modo intencional, é uma alegação de inocência: "o que foi que eu fiz"? Trata-se de um pedido de ajuda aos céus. Muitas vezes, as mãos se unem em posição de prece. Se colocadas acima da cabeça, intensificam o gesto e dão maior dramaticidade ao momento.

Olhos brilhantes

Indica ânimo, vontade, paixão, amor. A superfície fica umedecida por uma leve camada da secreção lacrimal, mas não o suficiente para que a pessoa chore. Desmond Morris diz que é comum em qualquer tipo de emoção, antes do choro. Observe os atletas, o comportamento de fãs, os pais vendo os filhos que se destacam. Olhos brilhantes também podem indicar angústia, tristeza e aflição.

Piscar para alguém

O piscar de olhos tem a função de lubrificar e limpar as córneas, além de indicar o estado emocional da pessoa. Nas situações emotivas, o piscar tende a se intensificar. Quanto mais lágrimas, mais a pessoa pisca.

No nosso caso, trata-se de um gesto bastante complexo, que deve ser analisado de acordo com as circunstâncias. Muitas vezes é um sinal totalmente oposto ao que o locutor tenta passar. A intencionalidade é percebida somente pelo destinatário.

É certo que demonstra cumplicidade entre as pessoas. Indica que os parceiros estão separados do grupo e sua intimidade é maior naquele momento. Mostra que estão de acordo em relação a determinados problemas. São cúmplices. Em alguns casos, indica que os outros estão excluídos da comunicação.

Entre pessoas desconhecidas, do mesmo sexo ou do sexo oposto, tem forte conotação sexual.

Piscar de forma repetida

A pessoa tenta controlar as lágrimas, antes que caiam. Sinal de tristeza. Quando a pessoa pisca de forma exagerada e quase intencional, demonstra falsa surpresa, fato que pode ser acompanhado de maior abertura dos olhos. O piscar intenso indica aumento da ansiedade.

Olhos apagados

Falta de brilho no olhar. A cabeça tende a pender, os ombros caem, as sobrancelhas ficam para baixo. A postura é de desânimo, tristeza, falta de vontade. Comum em casos de depressão, mas não determinante.

Olhar fixo

Realizado de modo constante e exagerado, o olhar fixo indica diversos tipos de desequilíbrios psicológicos e psicossomáticos, como tensão e

Linguagem corporal   71

preocupação. Quando alguém deseja dominar o outro sem dizer uma palavra, seu olhar fixo se torna feroz. A vítima é focada de forma intensa. Segundo Morris, existe uma contradição, pois o cenho franzido não consegue sustentar esse tipo de olhar por muito tempo.

Olhar desfocado

Muitos adolescentes, quando apaixonados, parece que miram o infinito, sonham acordados. O olhar desfocado também demonstra cansaço. Muitos dizem que é o olhar de quem está no mundo da lua.

Olhar altivo

A pessoa olha "por cima" do interlocutor. Orgulho, superioridade, arrogância, vaidade, desprezo, principalmente quando endereçado a subordinados. Nos treinamentos de soldados, quando eles estão em forma, é enfatizada a necessidade de manter o queixo erguido, para assinalar o orgulho pessoal em relação ao que está sendo realizado.

Olhar envolvente

Normalmente esse tipo de olhar chega acompanhado de movimentos corporais e de cabeça, principalmente nas mulheres. Executado de modo controlado, evidencia sedução, necessidade de envolver o outro, capacidade de convencimento. Quando exagerado, expressa afetação, sedução com propósitos ocultos.

Olhos arregalados

Trata-se de um indicativo de surpresa. Quanto mais abertos os olhos, mais propensa aos estímulos visuais a pessoa fica. A interpretação varia de acordo com os detalhes faciais. O gesto, acompanhado da boca aberta, amplia a interpretação. A expressão "de queixo caído" ilustra bem o fato. Dificilmente acontece com os olhos fechados.

Fechar os olhar de modo controlado

Durante um debate, conversação ou palestra, indica momento de reflexão, persistência nos objetivos, atenção profunda e grande capacidade de dar e receber amor. Muitos palestrantes e alunos, quando defendem suas teses e dissertações, usam esse recurso no momento de responder a algum questionamento. A pausa para a resposta se torna um pouco dramática e enfatiza o conhecimento bem internalizado.

Olhar enviesado

A tentativa de quem olha enviesado é observar a outra pessoa sem ser notado. Indica reserva, necessidade de preservar-se, interesse oculto, desconfiança e timidez. Caso seja percebido pelo outro, o ato se torna um sinal de desconfiança.

Observe que quando uma pessoa nos olha e de repente a surpreendemos, normalmente nos sentimos incomodados. Quem é visto, começa a procurar algo no próprio corpo, nas roupas, ao seu redor, para ver se algo está errado.

Tenha em mente a importância das informações visuais nos contatos, nas palestras e nos negócios.

Observação sobre a importância dos gestos

Estudos feitos na Universidade da Pensilvânia mostram que apenas 10% das informações orais são retidas e que o elemento visual chega a mais de 50% de retenção.

Os lábios

Os lábios são as bordas da mucosa que reveste a boca. Sua existência é uma característica especial do ser humano, único animal com os lábios curvados para fora. Morris diz que nossos lábios, na infância, são perfeitamente adequados para sugar o seio materno.

No estudo dos sinais primários a importância dos lábios sempre aparece. Portanto, não podem ser analisados de forma isolada. Eles possuem uma complicada série de músculos que os ligam ao redor da boca. Como trabalham de maneira independente, a posições e os movimentos são os mais variados possíveis.

Seu tamanho, cor e largura variam de acordo com a etnia. Pesquisas mostram que os lábios são considerados por muitos como a zona mais erógena do corpo feminino. Eles enviam sinais sexuais de grande poder de atração, por isso são utilizados em larga escala na propaganda. A indústria de cosméticos aproveita para produzir os mais variados tons de batons. A cirurgia de colocação de próteses ou silicone nos lábios, para deixá-los mais sensuais, é muito comum entre artistas.

Apertar os lábios

Apertar os lábios indica tensão. A pessoa está tentando controlar e reprimir emoções, especialmente raiva e aborrecimento.

Morder os lábios

Existem várias formas de morder os lábios. Colocando os superiores acima dos inferiores e vice-versa, ou pressionando os dois lábios simultaneamente. O gesto difere dos lábios apertados, que estão apenas unidos. No caso em questão, a pessoa comprime os lábios entre os dentes. É indicativo de ansiedade.

Passar a língua nos lábios

A mulher que passa a língua nos lábios envia um sinal sexual que dificilmente passa despercebido. Parece que todo seu corpo se envolve no movimento.

A voz

"O importante não é a ordem e sim como você dá a ordem."
Embora a linguagem corporal contenha quase 65% das informações que trocamos, a voz também envia informações. Na realidade, as duas se complementam e assim o especialista não deixa de lado esse importante fator de avaliação.

Introdução

A experiência científica, descrita de forma resumida, mostra a importância da voz não apenas quanto ao conteúdo da fala.

Um grupo de cinquenta mulheres gravou números de um a dez. A experiência foi repetida por quatro semanas. Depois, cada uma delas revelou seu ciclo menstrual.

Cinquenta homens, sem conhecimento prévio da pesquisa, foram solicitados a escolher uma das versões das quatro vozes.

Diversos gráficos elaborados pelos pesquisadores demonstraram que a maioria dos homens escolheu como voz mais sensual aquela gravada no período fértil das mulheres. O fato demonstra que a natureza equipou tanto o homem como a mulher com poderosos instrumentos dos quais muitas vezes não temos a exata percepção. Não sabemos como agem e nem como utilizá-los.

A voz é produzida pela vibração do ar expulso dos pulmões pelo diafragma. Ele passa pelas pregas vocais e depois é modificado pela boca, pelos lábios e língua. Portanto, para falar bem é importante estar com a saúde em boas condições, não apenas as cordas vocais.

A voz é o mais importante recurso para o ser humano ser compreendido. Quando ela está com suas características alteradas, damos o nome de disfonia. Não se trata de uma doença, mas de um sintoma de mau funcionamento dos sistemas ou estruturas corporais. Sendo assim, existem algumas correlações entre o timbre de voz e as doenças, assunto que compete à medicina e não ao especialista em linguagem corporal.

A voz não sofre influência apenas da taxa hormonal, mas também das emoções. É comum observarmos que a voz muda quando a pessoa está triste, ansiosa, nervosa, feliz.

A emissão da voz saudável recebe o nome de *eufonia*.

Na comunicação verbal, a voz pode variar quanto à intensidade, altura, timbre, ressonância, articulação e muitas outras características.

Frequência é o número de ciclos vibratórios das cordas vocais. Na mulher, varia entre 150 e 250 vezes por segundo. Nos homens, entre 80 e 150. O resultado é uma voz mais aguda para o sexo feminino e mais grave para o sexo masculino.

Embora não se percebam diferenças no padrão vocal de meninos e meninas, é fácil notar que em certas idades ocorrem mudanças vocais. Na puberdade as variações são mais perceptíveis.

Paralinguagem

A paralinguagem é um conceito que se aplica às modalidades da voz: modificações de frequência, intensidade, ritmo. Ela fornece informações sobre o estado afetivo e emocional do locutor.

Segundo George L. Trager, traços paralinguísticos são aqueles que acompanham a cadeia da fala nos atos de comunicação. Por paralinguagem entende-se tudo aquilo que acompanha a linguagem e traz alguma contribuição ao conteúdo do enunciado.

O tom de voz e a maneira de falar são fatores que influenciam de modo decisivo a interpretação de quem recebe a mensagem vocal. Não só o tom de voz, mas também a gesticulação corporal.

Paulo Sergio de Camargo

Quando alguém diz "concordo com tudo que você falou", pelo tom de voz e entonação sarcástica, pode estar transmitindo exatamente o oposto.

Ao dizer "os políticos que temos neste país são extremamente honestos", é quase certo que a intenção das palavras é totalmente contrária. Quanto mais perspicaz e experiente a pessoa, mais ela percebe as nuanças da paralinguagem.

Embora não esteja ligado diretamente à paralinguagem, o sotaque pode ser fonte de informações e conter elementos paralinguísticos.

Estudos

Alguns estudos mostram que a voz pode transmitir informações não verbais com certa facilidade. Esse tipo de recurso é utilizado por muitos oradores, que mudam o timbre ao longo de suas palestras.

O interlocutor envia os sinais de modo intencional ou inconsciente de maneira que o ouvinte capta o que é mais importante.

Para captar cordialidade, voz suave e calma. Masculinidade: voz forte, sonora, retumbante. Precisão: voz fluente, distinta, clara, exata, controlada, meticulosa, equilibrada. Fôlego: voz entrecortada, trêmula. Velocidade: voz rápida, apressada, impetuosa, precipitada. Desleixo: voz confusa, indistinta.

É verdade que essas características são percebidas e interpretadas de acordo com as vivências e os estereótipos de quem ouve.

Outros comportamentos vocais não ligados à fala podem ser facilmente interpretados, como hum-hum, ummmm, ahhh.

Cientistas realizaram estudos para correlacionar voz e traços de personalidade. Alguns chegaram a resultados confusos e outros apontaram para novas pesquisas. O certo é que se criaram muitos estereótipos sobre o tema. Na verdade, o assunto é extenso e fora do alcance deste livro. Fica aqui o registro para que o futuro especialista em linguagem corporal mergulhe no tema.

Pesquisas promissoras dão conta que existem sinais consistentes nas variações da voz, que acusam estados de tristeza, otimismo, raiva e outros estados afetivos. Acredita-se que exista alguma universalidade nos padrões vocais expressos. Povos como os americanos e japoneses possuem expressão vocal similar para tristeza, raiva, alegria, medo, indiferença.

Técnicas de avaliação

Avaliar a voz de uma pessoa e as mensagens que estão nas entrelinhas requer treino e experiência, mas os resultados práticos não são difíceis de serem atingidos.

O primeiro passo é tentar identificar um padrão de voz. Depois, é nas nuanças que você vai perceber com precisão a mensagem contida.

Normalmente os extremos trazem boas informações. Palavras que causam preocupação e ansiedade normalmente têm o timbre alterado. As frequências variam. Existem pausas e suspiros antes ou depois delas. Ao subir ou baixar o tom de voz várias vezes, a pessoa pode estar insegura em relação ao que diz ou até mesmo mentindo.

Tente se concentrar na voz (timbre, intensidade etc.) e não naquilo que a pessoa está dizendo. Assim, por alguns momentos, esqueça o conteúdo das palavras. O bom ouvinte capta pausas e silêncios. Deixe a pessoa falar tudo que desejar. Apenas ouça.

As duas observações acima são feitas simultaneamente ou separadas. Contudo, lembre-se que você pode ter pouco tempo para uni-las. Seja rápido, conjugue as expressões vocais com as gestuais. Veja se o corpo está em concordância ou não com aquilo que a voz diz. Avalie se a linguagem corporal acompanha a verbal. O velho e bom exemplo mostra a criança dizendo que não quer mais doces, enquanto mantém a mão estendida com a palma voltada para cima.

Observe e escute se a pessoa não está manipulando a voz de modo intencional. Conheci um chefe bastante agressivo, mas toda vez que os diretores entravam em sua sala, o tom passava a ser de submissão, totalmente o contrário ao de emitir ordens para os subordinados. Sua secretária

Paulo Sergio de Camargo

seguia na mesma direção. Para emitir ordens, seu timbre era parecido com o do chefe, mas era extremamente dócil para solicitar algo.

O ambiente também influi de modo decisivo na interpretação dos sinais vocais. Nas salas dos gerentes, o tom de voz do chefe citado anteriormente era outro. Nos restaurantes também. Entretanto, quando passei essa observação a alguns amigos, poucos haviam notado as variações. Na realidade, não estavam treinados.

Você mesmo pode perceber. Quando entramos em hospitais ou igrejas, nosso tom de voz muda drasticamente.

Em resumo, tente unir todos esses dados de modo rápido e preciso. Caso tenha tempo, observe cada um individualmente. É uma forma de treinar. Quando estiver com amigos, faça de modo informal. Nessas situações, não existe o compromisso de ser rigoroso e exato, como ao analisar um candidato em entrevistas, por exemplo.

Tipos mais comuns

Voz rápida

A velocidade da voz muitas vezes está ligada à região do país em que a pessoa nasceu e viveu durante longos períodos.

Expressamo-nos de forma rápida quando existe urgência na transmissão da mensagem. Mas também é sinal de impaciência, ansiedade, medo, insegurança, necessidade de passar informações para persuadir. Ou vontade, possíveis mentiras, empolgação, ânimo alterado, raiva, recurso para não deixar o outro falar.

Quando mente, a pessoa tenta evitar que o interlocutor estenda o assunto sobre suas mentiras. Por isso, algumas vezes, o mentiroso acelera sua fala. Mas cuidado, pode ser apenas empolgação.

Voz lenta

Existem algumas doenças mentais que levam os pacientes a certa dificuldade para falar, e assim eles começam a se expressar de forma lenta.

Linguagem corporal 79

De modo geral, indica ansiedade, cansaço, doenças, mentira, preocupação em ser exato, tristeza, angústia, depressão, desânimo, uso de droga. Quem fala devagar pode estar despreocupado e descontraído. Observe se é o idioma nativo. Geralmente as pausas são mais longas quando não se tem domínio da língua utilizada.

Voz trêmula

Muito fácil de ser observada, a hesitação é constante. Em determinadas entrevistas que realizo na televisão, especialmente diante de casos críticos e com o intuito de não ser ofensivo ou expor as pessoas envolvidas, me pego com a voz trêmula e fico buscando quais palavras seriam as ideais para responder às perguntas. Não se trata exatamente de insegurança, nervosismo, confusão, mas sim, desejo de precisão.

A voz trêmula fica acentuada quando a pessoa está mentindo. Lembre-se, no entanto, que outros sinais costumam surgir, como a tentativa de virar o rosto para a porta, como se desejasse escapar.

A pessoa bastante nervosa e com a voz trêmula fica agitada, mexe com os pés e as mãos. Se está sentada, ajeita-se constantemente, manipula objetos, não sossega.

Voz alta

Você já observou que quando as pessoas bebem, discutem ou estão intensamente felizes, sua voz tende a aumentar? A voz baixa é usada em momentos de discrição. Com a voz alta, a pessoa se expõe de maneira mais aberta, chama a atenção dos que estão ao seu redor. Quem deseja intimidade fala em segredo, literalmente ao pé do ouvido.

A voz alta é muito comum em adolescentes que ainda não conseguem controlar de modo correto as cordas vocais, mas também quando querem se exibir e não encontram outros meios. Por isso, basta elevar o tom para ser notado pelos amigos e pelas pessoas em volta.

Muitos palestrantes utilizado o volume da voz para controlar as plateias. Como elevar a voz faz parecer autoritário, não se trata do recurso ideal.

Falar alto é um recurso bastante utilizado por pessoas que não têm argumentos consistentes para convencer e portanto ampliam o tom para tentar persuadir.

Como a voz alta soa como ameaça, as respostas tendem a ser tímidas, se ocorrerem. Literalmente a pessoa "ganha no grito", de acordo com a expressão popular. Assinala insegurança de quem fala.

Quando muitas pessoas falam simultaneamente, aquele que deseja ser ouvido aumenta a voz. Então, a voz alta reflete autoconfiança, mas também impaciência, agitação, nervosismo. Fique atento se o objetivo final é controlar a plateia, intimidar ou ser notado. O especialista em linguagem corporal sempre avalia o contexto da fala, o volume, o local e as condições.

Existem casos em que a pessoa tem o nível de voz naturalmente alto. Qualquer que seja a circunstância, o volume não se altera, apesar dos apelos daqueles que estão ao lado. Também não se esqueça de que em idosos a perda da capacidade auditiva faz com que a voz se eleve em alguns casos.

Noto que nas cidades do interior o nível de voz tende a ser um pouco mais baixo que nas metrópoles, talvez porque seus habitantes não estão submetidos a um nível de ruídos muito elevado.

Voz rouca ou áspera

Depois de algumas horas submetidos ao ar condicionado, muitos palestrantes ficam roucos. Minha sobrinha, toda vez que volta de um jogo de futebol fica assim por quase uma semana. A voz também pode ser afetada por gripes, resfriados, bronquites e outros distúrbios.

8 O corpo

Ao longo do tempo, o corpo humano evoluiu de modo considerável. Mesmo assim, diversas atitudes e comportamentos ainda remontam aos nossos ancestrais. Embora o objetivo do presente livro não seja falar de psicologia evolutiva, quem se interessa por linguagem corporal também precisa conhecer e estudar esse assunto. Certamente vai encontrar justificativas com bases científicas para muitos questionamentos.

Segundo os antropólogos, a capacidade que o homem moderno tem de viver nos grandes centros e se adaptar a eles resulta da neotenia, pela qual é possível manter características juvenis na idade adulta.

Há uma explicação convincente quando se comparam homens e mulheres. Os homens têm o corpo mais bruto e avantajado do que as mulheres, que tendem a ser mais franzinas e delicadas. Sempre foi assim. Ao longo do tempo, o homem precisou desenvolver um corpo mais forte e mais pesado para as atividades de sobrevivência, como a caça. Já as mulheres têm força muscular 30% menor e são em média 10% mais leves e 7% menores. Isso estaria mais ligado à reprodução, às necessidades de fazer reservas alimentares. Por isso, o corpo feminino tem 25% a mais de gordura.

Na longa evolução, a voz masculina se tornou mais grave e a voz feminina mais aguda, ou seja, permaneceu quase infantil. Este e outros atributos, como a pele mais fina e o rosto mais delicado, visavam a necessidade de fazer o parceiro proteger a prole. Assim, tanto os filhos como as mulheres tinham características infantis.

82   Paulo Sergio de Camargo

A propaganda sabe utilizar essa realidade para conseguir emocionar. As modelos iniciam a carreira internacional aos 12 anos, quando não menos. É como se elas precisassem de proteção e passam a ser admiradas.

Entre outras diferenças, que aqui aparecem resumidas, observamos gestos mais finos e elegantes nas mulheres e mais bruscos nos homens. Como o corpo envia inúmeras informações não verbais por meio de suas formas e posturas, vários sinais facilitam a identificação do macho e da fêmea.

O corpo masculino é mais pesado, os ombros e os braços são mais largos, as pernas, proporcionalmente mais compridas. O crânio masculino tem saliências mais proeminentes. Os maxilares são mais desenvolvidos. Seu tórax é maior, para abrigar coração e pulmões maiores. As mãos masculinas são mais desenvolvidas, com dedos mais longos, pela necessidade de carregar armas ao longo da evolução. Tudo isso para facilitar a alimentação e a proteção física da prole, o que exigia trabalho árduo e percorrer longas distâncias.

Na mulher, a pelve é mais larga e tem a capacidade de girar para trás, proporcionando nádegas mais salientes. O umbigo é mais profundo e o ventre largo. Os seios são intumescidos. A cintura é mais fina e as coxas mais grossas. A mulher consegue dobrar os cotovelos em ângulo aberto com mais facilidade que os homens. Seus cotovelos ficam mais juntos do corpo. Por isso, os atores, quando desejam imitar o sexo feminino, colam os cotovelos ao corpo e quebram o pulso. Normalmente fazem isso de maneira afetada.

Cabelos

Ao longo de nossa evolução, os cabelos serviram para nos diferenciar de nossos parentes mais próximos, os macacos. Da mesma forma, os pelos no rosto do homem o diferenciavam da mulher, que apresentava a face lisa.

Depois que a humanidade se dispersou da África em direção a outros continentes, os vários povos que se formaram em terras distantes desenvolveram uma diferença que ficou evidente nos cabelos, cujo reconhecimento é visualmente fácil e mais rápido.

Atualmente, os cabelos servem para posicionar as pessoas em determinados grupos. O corte indica acima de tudo uma atitude. Os *skinheads* são exemplos visíveis dessa afirmação.

A tonsura é uma cerimônia religiosa em que o bispo corta o cabelo do ordenado, ao lhe conferir o primeiro grau no clero. É chamada também *prima tonsura*. Em muitas castas militares e religiosas, cortar o cabelo é sinal de desapego à beleza física e submissão aos preceitos hierárquicos. Tanto que os recrutas, em unidades especiais das forças armadas, raspam o cabelo totalmente.

É certo que os cabelos acompanham a moda e vários capítulos deste livro poderiam ser dedicados a eles. Mas, resumindo, podemos lembrar que os cabelos identificam algumas raças, como a negra, mas se destacam também em outros povos, especialmente entre os asiáticos e os mediterrâneos, como portugueses, espanhóis, italianos e árabes.

As pessoas de cabelos loiros são cerca de 2% no mundo. Eles podem aparecer em todas as raças, comumente entre os caucasianos, nas regiões da Escandinávia, Rússia e países germânicos.

Em geral, os cabelos longos nas mulheres indicam sensualidade e feminilidade. Se forem demasiadamente compridos, deixam de ser práticos. Elas mesmas reconhecem que na agitação do mundo moderno não sobra tempo para tratar cabelos muito longos. Se forem curtos, indicam a funcionalidade que a mulher atual busca. Para os homens, representam disciplina, limpeza, eficiência.

Cabelos bem cuidados podem indicar boa situação financeira, enquanto os sedosos e brilhantes, sem pontas quebradas, seriam frutos de uma alimentação saudável e equilibrada.

Na realidade, o cabelo é o meio mais rápido e prático de demonstrar individualidade, tanto para os jovens como para os adultos. A mulher, quando deseja assumir uma mudança na vida, modificar o cabelo é sua primeira providência, pois tem à disposição múltiplas possibilidades, na forma, no tamanho, na cor. E a metamorfose se dá em poucas horas.

Em suma, os cabelos passam diversas informações não verbais importantes, sejam conscientes ou inconscientes. De certo modo, indicam a

84   Paulo Sergio de Camargo

individualidade e o ajuste da pessoa à sociedade. Não me lembro de ter visto um juiz de direto com os cabelos vermelhos no estilo *punk*. Quem sabe um dia?

Tatuagens

São desenhos ou inscrições feitos na pele humana de forma permanente, com a utilização de pigmentos coloridos. Atualmente, com técnicas a laser é possível apagar muitos dos sinais. Na Idade Média, a Igreja Católica condenou qualquer tipo de tatuagem em toda a Europa. O argumento usado na época ainda hoje é ouvido: coisa do demônio.

Existem provas arqueológicas da existência de tatuagens no Antigo Egito, entre 4000 e 2000 a.c. Nativos de muitas tribos na Polinésia, Indonésia e Nova Zelândia também se tatuavam em rituais religiosos.

O termo tatuagem tem origem polinésia (taitiano) com base na palavra *tatau*. Levada para a Inglaterra pelo capitão James Cook, como *tattow*, se transformou em *tattoo*.

Os motivos que levam alguém a se tatuar são vários. No geral, trata-se de uma forma de chamar a atenção, de se individualizar e até mesmo de pertencer a determinado grupo. Entre os criminosos têm significados especiais e se mostram como códigos e senhas.

As motivações para a utilização da tatuagem são inúmeras, e não há como definir ou explicar o desejo de tê-la, assim como sua efetivação. Ambiente, época, nível cultural, influências, modismos, ideologias, algumas das variantes que interferem nesse costume e determinam como e por que as pessoas se tatuam. Conclusivamente, as teorias psicológicas, psicanalíticas, antropológicas e religiosas ainda não conseguem explicar o fenômeno.

Portanto, observe atentamente as tatuagens, o local onde são colocadas, as cores e os motivos aplicados. Elas podem mostrar a rebeldia, a necessidade de ser diferente ou simplesmente a adaptação a uma tendência. Não se esqueça das roupas. Muitas vezes elas acompanham o estilo da tatuagem.

Sinais de submissão

Segundo Morris, diante de um ataque, o ser humano tende a lutar, fugir, esconder-se, pedir auxílio ou tentar acalmar o agressor. No último caso, o comportamento humano difere pouco da atitude dos animais. A diferença é que conseguimos verbalizar a súplica.

Entre os seres humanos, nem sempre a agressão se manifesta apenas na forma física. A pressão que o chefe exerce sobre o funcionário, as exigências dos pais em relação aos filhos, o autoritarismo do cônjuge e outros procedimentos dominadores geram atitudes de submissão.

O corpo tende a se encolher, a curvar-se, a ficar em nível mais baixo do que o atacante. Quando o agressor é por demais violento, tanto no plano físico como no moral, é comum a vítima adotar a posição fetal, que lembra o útero da mãe, onde existia conforto e segurança.

As pessoas pessimistas, submissas e os fracassados andam de modo arrastado, com os ombros curvados, a cabeça baixa, o olhar voltado para o chão.

O principal sinal de submissão é tentar fazer-se menor que o agressor, encolhendo-se diante dele. Por essa razão, em quase todo o mundo a altura determina as possibilidades de sucesso. Com exceção de Jimmy Carter; os últimos presidentes americanos tinham todos mais de 1,80 m. É muito comum, nos debates, que políticos usem sapatos com saltos mais elevados e técnicas de visualização com o propósito de parecerem mais altos.

Algumas pesquisas relatam que os bispos, em média, são maiores que os pastores, assim como os gerentes de vendas são maiores que os vendedores e por aí vai. Segundo Morris, homens baixos, como Napoleão, quando tomam o poder, tendem a ser tiranos.

Para aumentar seu tamanho e importância, ao longo dos tempos, o homem criou vários artifícios como coroas, quepes, elmos, chapéus. A mitra, usada pelo papa, estende consideravelmente sua estatura.

Existem alguns sinais clássicos de submissão. O beija-mão é um deles. A pessoa se curva diante do superior e leva aos lábios as costas da mão. O gesto já foi usado como deferência para as damas, mas está em desuso, exceto por um ou outro político que se submete a beijar a mão do parceiro corrupto.

A mesura, ou inclinação de cabeça, é um modo de mostrar submissão, assim como a genuflexão. Ainda se nota em algumas meninas esse gesto. Mesmo vestindo calças, elas realizam esse movimento de colocar um pé atrás e simular que pegam a ponta da saia, enquanto a cabeça e o corpo se curvam. No final da apresentação dos balés o gesto é feito com graça, de maneira quase simbólica.

A reverência é muito comum para os povos orientais e já foi motivo de grandes controvérsias em outros países. Os principais jornais e a opinião pública americana criam verdadeira celeuma quando um de seus presidentes faz esse gesto para outros governantes. A presidência, nos Estados Unidos, é uma instituição que representa o povo americano, gente que não dobra os joelhos diante de ninguém.

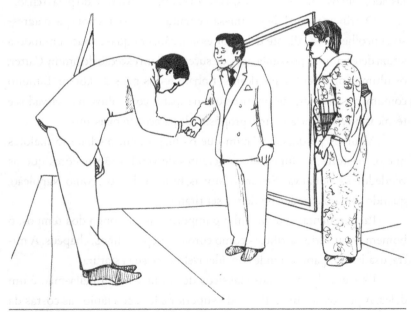

Reverência. Sinal de respeito ao outro.

É correto definir a reverência como um comportamento gentil, por meio do qual alguém faz questão de se mostrar menor do que a pessoa que está a sua frente. Ela ocorre quando o tronco se curva e a cabeça inclina-se um pouco abaixo da cintura. Nos tempos modernos, a reverência completa quase desapareceu, sendo trocada por um gesto mais ameno, que muitas vezes se resume em abaixar a cabeça e levar o queixo para perto do tórax. A posição do corpo fica ereta. A pessoa se curva, mas mantém a dignidade pessoal em alto estilo.

Ajoelhar-se também representa um gesto de submissão. Os cavaleiros, na Idade Média, se ajoelhavam para jurar fidelidade ao senhor.

As pernas e os pés

Muitas vezes, o iniciante em leitura corporal revela a tendência de observar somente a face e as mãos. Sabe que o corpo todo precisa ser avaliado, mas insiste em certas partes esquecendo-se das pernas e dos pés. Eles são fontes seguras de boas e precisas informações.

A principal função das pernas é fazer com que o ser humano caminhe. Nas mulheres, porém, seu potencial erótico chega a ser supervalorizado, muito mais do que nos homens.

Os pés

Os pés também são importantes em nossos estudos. Diferem nos homens e nas mulheres, especialmente porque nelas eles são mais estreitos e menores, sobretudo o calcanhar, menor em relação à planta dos pés.

A função dos pés consiste em sustentar o peso do corpo, empurrá-lo para a frente e absorver o impacto do caminhar. De acordo com Morris, na vida dos pés femininos isso ocorre cerca de 270 milhões de vezes.

Como os pés masculinos são maiores, os pés pequenos ficaram associados à feminilidade. Essa visão, ao longo da história, resultou em bizarrices como o de atrofiar os pés das chinesas.

Até mesmo os sapatos femininos têm essa função. O bico mais fino, a largura mais estreita e o salto alto dão a impressão de que os pés são menores. O salto alto parece alongar as pernas.

Em termos de linguagem corporal, a postura dos pés está intimamente relacionada às pernas. Sendo assim, os dois elementos se comple-

Linguagem corporal 89

mentam e se tornam muito importantes para uma leitura mais completa do ser humano.

Convém lembrar que o modo de andar é diferente entre os sexos. A mulher acentua o potencial erótico mexendo os quadris, com o objetivo final de atrair a atenção. Os homens usam passos firmes, vigorosos, e acentuam o movimento dos braços. O queixo muitas vezes se ergue, querendo mostrar importância.

Como é natural, os jovens têm mais agilidade e flexibilidade física. As crianças, que ainda não adquiriram vícios de postura, andam e correm com mais fluência. Já os idosos caminham com passos mais controlados e sua postura tende a ser mais arqueada.

Foram identificadas 36 maneiras de andar. O andar vacilante ocorre em mulheres com saias justas e/ou sapatos apertados. Indica que a pessoa não consegue atingir longas distâncias. O passo largo é indicativo de masculinidade, propensão para a ação, decisão. O andar na ponta dos dedos, saltitante, normalmente é observado em adolescentes ou crianças e denotam alegria, vontade, otimismo, saúde, como faz Gene Kelly na famosa dança na chuva. O andar vacilante indica ansiedade, indecisão.

As pernas

São evidentes os sinais sensuais que as pernas femininas enviam. Há tempos seu poder erótico é valorizado por meio de meias, calças, vestidos, minissaias e outros acessórios. A explicação mais plausível para essa sensualidade está na maneira como as pernas se juntam. Para Desmond Morris, na mente masculina, quando a mulher abre ou fecha as pernas, parece que existe uma flecha indicando a "terra prometida".

A interpretação corporal da postura das pernas juntas difere das pernas cruzadas. O primeiro caso indica disposição para levantar, para a ação. O segundo diz que a pessoa deseja permanecer sentada, não deseja sair imediatamente do lugar, não está com pressa.

90 Paulo Sergio de Camargo

Quando a pessoa está mentindo, a tendência é que os movimentos da parte inferior do corpo se acentuem. Parece que o controle que o mentiroso tenta fazer com as mãos escapa pelas pernas e pelos pés.

As pernas masculinas são mais musculosas. Talvez por oposição, as pernas femininas, pela suavidade das curvas, atraem os homens. Na mente primitiva dos machos, devem estar associadas à procriação. As pernas longas indicam que a maturidade sexual chegou e, portanto, são atrativas para os homens.

Posições

De pé

Existe uma pequena separação ou os pés se tocam. Parece que a pessoa está na posição de sentido militar. Trata-se de uma postura de respeito e neutralidade adotada diante de superiores. Observe os ombros. Curvados, indicam submissão. Com a bolsa na frente e os braços erguidos na altura do abdome, mostra defensividade, humildade, aceitação e submissão.

Pernas afastadas: leão-de-chácara

As pernas afastadas revelam autoconfiança. Você já observou os seguranças que ficam na frente das casas noturnas? Tanto eles como os policiais e os esportistas utilizam essa postura para mostrar poder. Erguendo o queixo, demonstram querer um amplo domínio do ambiente e o controle com o olhar. É mais comum nos homens. A região genital fica destacada.

Alguns autores dizem que pernas afastadas são o contrário das cruzadas. Embora não seja totalmente correto dizer que as pessoas que cruzam as pernas são defensivas, quando alguém não se sente à vontade diante dos outros, em maior probabilidade de cruzar as pernas.

Pés para a frente

O peso do corpo é jogado em um dos quadris e os pés ficam voltados para a frente.

Quando a pessoa aponta os pés para determinado lugar, é para lá que se volta seu interesse. Portanto, o interesse entre duas pessoas não é determinado pelo nariz, mas pelo pé. Observe um grupo de rapazes paquerando algumas meninas. A direção dos pés vai indicar quem está interessado em quem, dentro ou fora do grupo.

Ao mentir ou tentar escapar de uma conversa desagradável, a posição dos pés se volta para uma saída, normalmente a porta que está mais perto. Nas situações críticas, quando não existem outras possibilidades, os pés se viram para a janela. Se pudesse, a pessoa se jogaria para fora.

Postura defensiva.

Cruzar as pernas

Pessoas que conversam e cruzam as pernas de modo idêntico, provavelmente concordam com as ideias que trocam. Os superiores dificilmente cruzam as pernas de modo igual aos subordinados. Precisam mostrar que são diferentes.

As mulheres sentadas lado a lado, e que cruzam as pernas de maneira idêntica, certamente têm afinidades. Duas pessoas no sofá, com os joelhos voltados para fora, certamente não estão em conformidade de pensamento.

A mulher, quando senta de pernas abertas diante de um homem, indica que sexualmente não tem medo dele e pode se expor sem maiores dificuldades.

Nos homens, a defesa de colocar as mãos na parte genital não é apenas física. Também em momentos de tensão psicológica, o homem que está em posição defensiva ou submissa cobre as partes genitais, algumas vezes com cadernos, pastas, paletós e outros objetos.

O leitor já deve ter observado que, neste item, abordei separadamente o comportamento de homens e mulheres. Foi intencional. Existem diferenças culturais e sociais na maneira como os representantes de cada sexo cruzam as pernas ou as posicionam.

Pernas e braços cruzados, ao mesmo tempo, esteja a pessoa sentada ou de pé, mostram alto nível de defesa em relação ao que a pessoa escuta do seu interlocutor. Portanto, tentar convencer alguém nessa posição normalmente é perda de tempo.

Sentado com as pernas cruzadas em quatro

Normalmente utilizada por homens, essa posição demonstra poder, autoconfiança e competitividade. Não se esqueça de observar as mãos. Caso estejam se segurando de modo tenso, a pessoa quer agarrar a si mesma diante da situação em que se encontra. Indica resistência, teimosia.

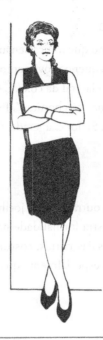

Posição defensiva. Não deseja ouvir as ideias dos outros.

Tornozelos cruzados

Normalmente quando cruzam os tornozelos, os homens abrem as pernas. As mulheres unem os joelhos, especialmente quando vestem saias.

Ao cruzar as pernas e unir os tornozelos, a posição passa a ser defensiva. Ela se exacerba quando a pessoa agarra os braços da cadeira ou as próprias pernas. Existe tensão, ansiedade e medo naquilo que é relatado. Depois que o estresse passa, normalmente a pessoa tende a descruzar as pernas e buscar uma posição de maior conforto.

Panturrilha com panturrilha

Formalidade e correção.

Posição coxa com coxa

Trata-se de um gesto feminino que indica sensualidade. Quando a mulher, sentada na cadeira, faz um pequeno movimento para o lado oposto da perna que está em cima, expõe a lateral da coxa. É como se estivesse dizendo: "olhe para mim, minhas pernas são bonitas". Esse tipo de insinuação chega a ser quase imperceptível. Se for exagerada, é facilmente compreendida, mas a situação fica rídicula.

Joelhos colados

Uma das pernas fica sobre a outra, com os joelhos unidos. Posição utilizada por ambos os sexos. Mostra formalidade nas reuniões sociais. Porém, quando as mulheres usam saias curtas, costuma ser indicativo de erotização, de intenções sexuais, especialmente quando as pernas se cruzam e descruzam frequentemente.

Os sinais sexuais

Você, que se interessa por linguagem corporal, deve saber interpretar também os sinais sexuais. Eles englobam uma série de gestos, muitas vezes complexos. Alguns são evidentes, diretos e simples, fáceis de serem interpretados.

A maioria das pessoas não sabe, mas de forma inconsciente enviam inúmeros sinais sexuais, que nem sempre são interpretados de maneira correta por quem os recebe.

Flertar e paquerar são etapas iniciais nas quais as pessoas têm condições de avaliar e testar os pretendentes nas mais diversas situações.

Flertar parece ser um ritual, uma etapa indispensável ao relacionamento saudável. Sua função é estimular e selecionar uma ligação e criar uma cumplicidade mais forte, antes do contato sexual propriamente dito.

Conforme Weber identificou em 1998, a linguagem não verbal utilizada no flerte e na sedução tem algumas características que independem da cultura na qual as pessoas estão inseridas. Em estudos científicos por meio de filmagens, utilizando fotogramas passo a passo, Eibl e Eibesfeldt concluíram que tanto as mulheres da selva amazônica quanto aquelas que viviam em Paris utilizavam os mesmos padrões de expressões ao cortejar.

Inicialmente a mulher sorri e ergue as sobrancelhas em rápido movimento, enquanto abre bem os olhos. Logo após, abaixa as pálpebras, inclina levemente a cabeça para o lado e desvia os olhos.

Na continuação das pesquisas, em 1975, Eilb e Eibesfeldt concluíram que comportamentos como abaixar o olhar, sorrir, hesitar em olhar para o outro e tocar o próprio rosto ocorrem no cortejar tanto das culturas ocidentais quanto das não ocidentais.

Esse comportamento tem a função de demonstrar interesse sexual. Como faz parte da evolução da espécie humana, é praticamente idêntico nas mais diferentes culturas.

Uma das características dos sinais de flerte é o indicativo de submissão. A postura seria oposta ao perigo de agressão e facilitaria a aproximação dos futuros parceiros. Como as mulheres enviam muito mais sinais para os homens, é natural concluir que a postura de submissão normalmente é feminina. Em todo caso é bom observar que tal cultura está em fase de mudança.

Existe uma equação inversa. As mulheres enviam mais sinais sexuais que os homens, mas a maioria deles não consegue perceber a totalidade dos sinais. Os homens enviam menos sinais, mas as mulheres são capazes de perceber com precisão a maior parte deles.

É evidente que, conhecendo a linguagem corporal, fica mais fácil observar os sinais de paquera. Como sempre digo, o jogo da paquera é algo muito gratificante para os parceiros. Faz com que as pessoas se sintam bem, admiradas e desejadas. Por isso, quando estiver envolvido por ele, esqueça um pouco as teorias e jogue. Não se preocupe muito em saber antecipadamente aquilo que o outro sente e pensa. Em certos momentos, o melhor é relaxar e aproveitar.

Fases da paquera

De modo geral, as fases da paquera estão divididas em seis. Contudo, existem entre elas inúmeras nuanças e muitas vezes não ocorre a separação exata. Assim, algumas fases são sobrepostas e outras saltadas.

Cada contato é um verdadeiro ritual de acasalamento. Evidentemente, tanto a postura do homem como da mulher se diferem. São levados em conta diversos fatores como local, outras pessoas, nível de ruído, estados afetivos, condições sociais e econômicas.

Nos primeiros passos, existe a necessidade de aproximação. Muitas vezes ela é realizada por meio da postura dos pretendentes. Dizer ao outro,

Linguagem corporal   97

de forma não verbal, "não represento perigo", facilita o contato. Existe um tempo necessário para que o homem, principalmente, tome a iniciativa e mostre segurança, caso contrário a tentativa será um fracasso.

É verdade que grande parte dos sinais iniciais de flerte parte das mulheres. O arsenal conta com cerca de 52 gestos e atitudes. Normalmente, a mulher emite os primeiros sinais e o homem fica responsável pela aproximação. Por mais que ele seja confiante, pode falhar completamente quando se lançar em direção a uma mulher que não enviou sinais de flerte. A boa notícia é que o sucesso das mulheres depende muito mais da técnica que utiliza para enviar os sinais do que de sua beleza.

Chamar a atenção

Tanto os homens como as mulheres procuram chamar a atenção. Às vezes, surgem algumas posturas infantis. O corpo se direciona para a pessoa que nos interessa. Tanto os sinais de masculinidade como de feminilidade são exacerbados. Todos assumem o comportamento do pavão.

Os homens estendem os braços, estufam o peito, passam os dedos no cabelo de forma enérgica, exibem uma postura mais ereta, empinam o queixo, ajeitam a roupa, riem alto, exageram nos movimentos corporais e exibem todos os sinais masculinos.

As mulheres ampliam os gestos, mexem nos cabelos, jogam a cabeça para trás, olham com ar tímido, dão risadinhas, erguem as sobrancelhas, arrumam a roupa, mudam de posição, balançam o corpo, passam a língua nos lábios com mais constância para revelar um alto nível de conotação sexual.

Nos homens, a voz fica mais grossa. Nas mulheres, se torna mais acariciante. Os quadris femininos são lançados em direção ao pretendente. A nuca da mulher tende a ficar mais exposta, quando ela mexe nos cabelos. Muitas vezes o mundo exterior desaparece e os dois se absorvem, quando a postura dos pés e do corpo está totalmente direcionada para o outro.

Fase de reconhecimento

Trata-se de uma fase de ambivalências. Os sinais nem sempre são compreendidos na sua total amplitude. Existe todo um jogo no qual os dois precisam ter certeza de sucesso.

Fase de reconhecimento

Começa quando os olhares se encontram. O olhar é provavelmente o instrumento mais importante do flerte.

Sobre a postura

Quando algo nos interessa, um sentimento é despertado em nós. Nossa postura tende a ser afetada. Na última aula do período noturno, com os alunos escorregando e cochilando nas cadeiras, basta dizer "isto vai cair na prova" para que todos mudem a postura e se sentem eretos.

Na paquera acontece o mesmo, pois o interesse é despertado imediatamente. A primeira troca de olhares é essencial para estabelecer o contato. Em muitos casos, os olhares se encontram. Essa pausa dura alguns segundos e é seguida por uma ruptura brusca. Os observadores desviam o olhar, parece que evitam. Logo após, os futuros parceiros voltam a se procurar e o segundo encontro de olhares serve para confirmar o anterior, e então, a ruptura se torna um pouco mais amena.

Depois da troca de mais alguns olhares, os dois compreendem que a paquera teve início. O contrato implícito está feito.

Durante a conversa de olhares, as pupilas aumentam de tamanho consideravelmente, embora experiências demonstrem que homens tipicamente conquistadores conseguem dilatar pouco as pupilas diante das garotas que desejam, talvez por não desejarem envolvimentos afetivos.

Em resumo, o olhar retribuído é forte indício de que a outra pessoa está interessada. Mas é preciso avançar para as outras fases que confirmam a paquera.

Normalmente, quando a mulher percebe o interesse do homem, passa a enviar sinais que indicam disponibilidade e abertura para a aproxima-

Linguagem corporal   99

ção. Seu corpo se direciona para o outro, seu olhar de torna mais longo. É natural que a cabeça se incline e a parte lateral do pescoço seja exposta. Ampliam-se os autotoques. A mulher faz beicinho.

Os americanos chamam de "olhar de bambi" quando a mulher ergue os olhos com a cabeça voltada para baixo, exatamente como fazia a princesa Diana, para realçar sua feminilidade.

Surgem os sinais de submissão para demonstrar que não existe hostilidade. A aproximação está permitida.

Sorrisos

Os futuros parceiros começam a sorrir. Pode acontecer que o sorriso parta apenas de um deles. O sorriso é uma forma de dizer "olhar para você me faz feliz" ou, quando ocorrer a retribuição da mensagem enviada, "é muito agradável ser olhado por você".

A intensidade do sorriso varia de acordo com o ambiente e as pessoas que estão ao lado. As adolescentes tendem a sorrir e, depois, num gesto quase instintivo, tentam se esconder entre as amigas. Ao contrário do olhar, o sorriso é mais fácil de ser controlado. Temos pouca consciência dos movimentos oculares que realizamos.

O sorriso é uma indicação clara de que a porta está aberta, ou seja, você tem permissão para se aproximar. Mesmo assim, tenha calma. Não se afobe nem demore demais. Analise o tempo exato dos sorrisos e o momento certo para iniciar o contato.

Muitas vezes, quando a pessoa sorri e o outro não se aproxima, brota no rosto uma expressão de desânimo que quer dizer: "não sou correspondida nas minhas mensagens".

Fase de interação
Contato verbal

Após os primeiros estágios, o próximo contato é verbal. Ele pode ou não ampliar a paquera. É essencial para sua continuação.

Evidentemente, tanto a tonalidade da voz como o conteúdo da fala são importantes para que o encontro tenha êxito. A conversa inicial geralmente é sedutora. Pesquisas mostram que o jeito de falar é muito mais importante. Vem em segundo lugar o que se fala. Em todo caso, convém esquecer aquelas frases manjadas que destroem qualquer clima. Evite desde o "não te conheço de algum lugar?" passando pelo "você vem sempre aqui?" até o "é incrível como você se parece com a minha mãe". Acredite que um amigo disse uma asneira dessas e até hoje não sabe por que a menina virou as costas e foi embora.

Existem mudanças na voz. O tom passa a ser um pouco mais agudo e o volume mais baixo, suave, musical. Lembra aquele modo de falar que tranquiliza as pessoas que precisam de cuidados.

Como o objetivo final é seduzir, a conversa flui repleta de elogios e concordâncias, sempre em busca de afinidades, tanto nas perguntas como nas respostas. A submissão e a aceitação se fazem presentes. Nesse contato próximo, aparecem sinais corporais de ansiedade: gestos mais amplos e autotoques, afinal, é preciso fazer-se bonito para o outro.

Contato pessoal: primeiros toques

Dependendo do local onde os paqueras se encontram, o toque pode ser facilitado ou não. Em casas de shows, por causa do pouco espaço, a possibilidade de contatos físicos fica mais fácil. O aperto de mão é pouco usado entre os jovens. Mais comuns são os beijos no rosto, durante a apresentação.

Como regra, nos primeiros momentos, quanto mais as pessoas se tocam de forma espontânea, maior é o interesse. Mesmo antes, podem ocorrer toques intencionais.

Normalmente a mulher toca nos braços ou ombros dos homens, pois é socialmente mais aceito. O toque na pele é extremamente importante. Caso o parceiro ignore, será feita nova tentativa. Caso recue, a paquera pode terminar nesse momento.

Quando a pessoa tocada se inclina na direção do outro, emite sorrisos ou retribui ao toque, uma das barreiras está superada. A partir dessa fase, o comportamento de olho no olho se torna mais frequente.

O gesto do agarrador, que se caracteriza pelas mãos com os dedos voltados para baixo tentando pegar o braço da pretendente, demonstra claramente a intenção: "eu te quero".

Nos primeiro contatos físicos, há trocas de odores e até mesmo de hálitos, nos beijos no rosto.

A tonalidade da voz continua suave, a voz se arrasta. Na mulher, torna-se mais infantil.

A dança corporal se desenvolve com atitudes de intenções como inclinar para a frente, colocar o braço sobre a mesa na direção do outro, aproximar os pés, se as duas pessoas estiverem sentadas, ou fazer carícias no próprio braço, como se estivesse afagando o outro.

Caso continuem as conversas e os toques, a paquera entra na fase seguinte.

Sincronia corporal/Excitação sexual

Agora, os gestos se sincronizam. Os micromovimentos são iguais. O comportamento espelho aparece em sua plenitude. Os dois gesticulam de modo perfeitamente igual. O casal se reflete até mesmo no tom de voz. Sorriem, cruzam as pernas, mexem nos cabelos, inclinam-se, se arrumam de modo idêntico, tudo ao mesmo tempo. O olhar se fixa no outro de forma intensa. O tempo e a forma de erguer os copos para beber é exatamente igual.

Para muitos autores, a sincronia corporal no flerte está fortemente associada ao desejo sexual mútuo. Os corpos desejam aquilo que o estado emocional já conseguiu.

Como citado por Weber, "um encontro total de duas subjetividades e, como disse a famosa bailarina americana Martha Graham, 'nada é mais revelador do que o movimento'".

Fase de resolução sexual

Em termos de psicologia evolutiva, parece que o objetivo final é sempre o contato sexual. Depois, a fase passa a ser extremamente individual. Logo depois de ocorrer a união sexual, há um certo distanciamento. Os casais emitem escassos sinais de flerte. A corte entre marido e mulher cessa, pois o casal não precisa mais negociar a aproximação sexual. Eles passam livremente para o relacionamento sexual.

No caso de uma paixão, o flerte continua e tem início a fase mais intensa do amor, com um envolvimento sexual quente e intenso.

Vinicius de Moraes dizia que nada como uma paixão para melhorar a pele. Estava certo. Flertar é bom em si mesmo, sem necessariamente levar a um desfecho sexual. As pessoas ficam até mais bonitas. O tônus muscular se amplia. A face fica mais ruborizada, com menos rugas e olhos brilhantes. Tudo isso acontece de modo mais intenso durante o relacionamento sexual. Aí, as pupilas ficam dilatadas pela paixão.

Pode ser que o flerte diminua com o tempo de convivência do casal, pois ocorre uma significativa redução da ambiguidade, ou seja, cada um já sabe o que o outro deseja.

Conclusão

Na paquera, todas as fases são importantes. Você vai observar que quando um dos participantes tenta pular algum estágio, nem sempre obtém sucesso.

Considere também que após uma troca de olhares, quando duas pessoas se apresentam uma para a outra, isso pode ser tudo, menos paquera.

Os sinais enviados, tanto pelos homens como pelas mulheres, devem ser observados com atenção e cuidado. São dezenas.

Como já dissemos, a quantidade de sinais sexuais enviados pelas mulheres é muito maior, especialmente porque o corpo e a psique feminina estão mais bem adaptados para esse tipo de comportamento. Em geral, os homens podem ser considerados amadores nessa arte

Normalmente, os sinais enviados pelas mulheres são os seguintes: mostrar ou quebrar o pulso, jogar o cabelo para trás, umedecer os lábios com a boca entreaberta, realizar autotoques, lançar a pelve para a frente, movimentar os quadris ao andar, acariciar objetos e o corpo, cruzar as pernas e mostrar a lateral das coxas.

Fisicamente, as mulheres chamam a atenção pelos seios, quadris, nádegas, pernas longas; modo de se vestir, cabelos e outros atributos.

O arsenal masculino é bem menor: ombros largos, quadris estreitos e pernas musculosas, peito largo, voz grossa, altura. Nada que chegue perto, tanto em qualidade como em quantidade, daquilo que a mulher pode oferecer.

Portanto, no flerte, as possibilidade de sucesso estão sempre mais nas mãos das mulheres do que dos homens.

O espaço pessoal

Introdução

Na comunicação humana, o estudo do espaço recebe o estranho nome de proxêmica, palavra criada pelo antropólogo Edward Hall, nos anos 1960. De modo geral, é definida como "o conjunto das observações e teorias referentes ao uso que o homem faz do espaço como produto cultural específico". Fernando Poyatos a define como "concepção, estruturação e uso humano do espaço, abrangendo desde o ambiente natural, ou construído, até distâncias conscientes ou inconscientemente mantidas na interação pessoal".

O estudo envolve dois parâmetros: o território físico e o pessoal. O primeiro pode ser demonstrado pela nossa carteira na escola, pela casa, cidade e país em que vivemos.

O território pessoal é uma espécie de bolha psicológica que nos pertence. Trata-se de nosso espaço individual e só permitimos que outros entrem nele com autorização. Observe como nossa "bolha" se encolhe quando entramos no elevador lotado. Mesmo que não haja contatos entre as pessoas, nos sentimos encolhidos. Essa zona é variável. Cada pessoa determina o tamanho da sua. Há quem não goste que as pessoas se aproximem demais. Há quem sinta necessidade de tocar o outro, mesmo um desconhecido. Em cada país, cultura, região, o espaço individual varia de acordo com as condições.

Tanto nos territórios físicos como nos pessoais, a utilização das cores pode ser de grande valia na interpretação das mensagens não verbais. A proxêmica é percebida pela visão, tato e olfato. Também cinestesicamente, ou seja, pelo movimento e repouso no espaço.

Até mesmo na mesa da biblioteca, entre os estudantes, existe uma linha imaginária que delimita os territórios. Muitas vezes eles são demarcados com objetos. Uma jaqueta ou bolsa colocada na cadeira informa aos demais que aquele lugar está ocupado, que tem dono.

A proxêmica estuda o significado social do espaço.

O ser humano é essencialmente territorial. Os estados, nações, municípios demarcam territórios. As pessoas também, como extensão de seu corpo.

O presidente de um país, a bandeira, a alfândega, o agente aduaneiro, o passaporte são símbolos e procedimentos repetidos de maneira idêntica e em menor proporção, em qualquer clube social de toda cidade do interior do Brasil. Existe o presidente do clube, a carteirinha, que é o passaporte, o porteiro, que é o agente alfandegário e por aí vai.

A luta pelos territórios não se faz somente entre nações. Nos bancos das praças, nos assentos dos cinemas, nos aviões, estamos sempre em eterno combate para preservar o espaço que consideramos devido. Qualquer tipo de invasão, mesmo não intencional, é considerada uma afronta.

Pierre Weil diz: "A territorialidade regula a densidade das espécies de seres vivos, ou seja, a distância ideal entre os seus componentes individuais, para as diversas manipulações da vida em comum".

Para quem estuda a linguagem corporal, a posição e a distância estabelecidas entre as pessoas muitas vezes revelam de maneira consistente o tipo de relacionamento que há entre elas.

Observe o comportamento isolado das pessoas no metrô lotado. Observe como elas se aproximam umas das outras em uma festa de casamento, quando há certa precisão de afinidades. Algumas são invasivas em relação ao espaço social. Outras são extremamente seletivas e não permitem que as demais se aproximem.

Principais distâncias

Íntima

Distância: 0 a 50 cm

Fase próxima: Existe elevado nível de contato físico. São percebidos com certa facilidade os odores e sussurros e o calor corporal. As pessoas se tocam de maneira intencional. Em alguns países, culturalmente, não é permitido esse tipo de contato em público.

Fase afastada: As pessoas andam de mãos dadas. A voz tende a ser baixa, pois o contato e as mensagens enviadas são apenas para o parceiro.

Distância íntima. O casal se toca.

Pessoal

Distância: 50 a 80 cm; e 80 a 120 cm
Fase próxima: 50 a 80 cm
Fase afastada: 80 a 120 cm

Na primeira fase existem contatos com os braços, toques esparsos em algumas partes do corpo. A distância é menor que um aperto de mão, fato que se faz presente com certa intensidade na segunda distância. Nesse

Linguagem corporal 107

caso, os toques praticamente são inexistentes e os encontros pessoais não são íntimos.

Social

Existe a necessidade de interação entre pessoas conhecidas. Nessa distância, os indivíduos não se tocam. Foi definida por Hall como o "limite do poder sobre outro".

Fase próxima: 1,20 a 2,10 cm

Comum em conferências e reuniões de empresas, em que existe certo conhecimento entre as pessoas. A informalidade está presente, mas os contatos são visuais e os toques físicos quase inexistentes.

Fase afastada: 2,10 a 3,60 cm

É comum em relações sociais ou profissionais, em que a formalidade seja obrigatória. Normalmente ocorre entre pessoas que são apresentadas. As afinidades ainda são poucas.

Pública

Distância: Acima de 3,5 m

Utilizada para falar em público, conferências, aulas, palestras. O contato visual individual se torna bastante escasso.

Fase próxima: As relações são bastante formais. Caso o palestrante se sinta ameaçado, existe a possibilidade de fuga, de se "esconder" atrás da mesa, por exemplo.

Fase afastada: O potencial para se estabelecer contato visual é praticamente nulo. A distância é fator impeditivo. Muito comum em comícios ou palestras para grandes auditórios.

Rituais de espaço

Caso observe com atenção, você vai notar como se realizam os rituais de espaços entre as pessoas nos elevadores, estacionamentos, estádios, festas, cinemas e outros lugares.

Todos se aproximam e interagem de maneira diferente, não só em decorrência do espaço físico, mas por diversos outros fatores, como a situação do momento, o tipo de local, o nível de autoridade do outro.

Pense na sua postura e no seu tom de voz dentro de um hospital e no estádio de futebol. Como você se aproxima de sua namorada e de seu chefe?

Quanto mais importante a pessoa, mais respeito temos por ela. Assim, a tendência é manter determinada distância. O mesmo não vale para os artistas famosos. Em locais públicos, somos capazes de invadir seus espaços físicos. Dentro de um avião, por sua vez, mesmo ao solicitar autógrafos e fotos, a tendência é manter certa distância.

Quanto mais desconhecida a pessoa, mais a frase "mantenha a distância" fica evidente. Uma vez que passamos a conhecer o outro, torna-se permitido um contato mais direto. No ponto de ônibus vazio, tente ficar a menos de 15 cm de outra pessoa. Provavelmente ela se afastará com cara de poucos amigos. Claro que isso depende da região e do país. Os cariocas costumam ser mais receptivos e ter mais facilidade de contatos do que pessoas de outros estados brasileiros.

Muitas vezes brinco com os alunos e mostro em qual mesa do restaurante o casal vai se sentar.

O desconforto no elevador lotado é visível. Não encaramos os demais passageiros. O olhar é desviado para cima, para o chão. Quando há uma pessoa conhecida, a fixação nela passa a ser quase total. Os demais parecem não existir.

No metrô, o comportamento deve ser avaliado levando-se em conta o local. No Rio de Janeiro, por exemplo, os contatos são estabelecidos com mais facilidade do que em São Paulo.

No cinema vazio, se alguém senta perto de você, ocorre uma invasão territorial. A primeira reação é querer expulsar o invasor. Contudo, se no mesmo cinema a pessoa que poderia sentar-se a duas ou três cadeiras de nós se afasta e fica isolada, o sentimento passa ser de rejeição.

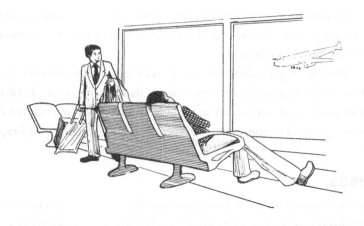

O garoto que estufa o peito e coloca a mão no ombro da namorada está protegendo e delimitando seu território.

O profissional de vendas deve estar atento à limitação de território que o comprador estabelece.

Ao entrar em uma loja, normalmente a pessoa se sente em território alheio. Então, o vendedor deve fazer com que ela fique à vontade. Alguns *slogans* sugerem: "sinta-se em casa". Em outras palavras, quer dizer: "este território é seu também".

Muitos contatos de venda deixam de iniciar por falta de sensibilidade e estratégia. Assim que o cliente chega à loja, quase que imediatamente o vendedor o aborda. Em outras palavras, toma de assalto o território do indefeso comprador.

Qualquer que seja a situação, ao sentir nossa zona pessoal invadida, tendemos a recuar e a tomar uma atitude defensiva.

O contrário também é válido. O cliente vaga pela loja, olhando para todos os lados e ninguém o atende. Surge um sentimento de rejeição muito grande.

Alguns rituais de espaço se transformam em verdadeiras danças, pois as pessoas se movimentam, atacam, recuam, na tentativa de se ajustar à área em que transitam.

São raras as pessoas autorizadas a entrar em nosso espaço pessoal. Isso ocorre porque não são consideradas potenciais agressoras, como cabeleireiros, médicos e dentistas. Observe sempre a distância que se estabelece entre as pessoas e também o nível de intimidade. Amigos de longa data, quando estão de pé, em uma reunião social, conversam se tocando de forma não intencional durante boa parte do tempo, muitas vezes em pequenos encontros de braços.

Mesas

As mesas se constituem em territórios específicos para os contatos serem realizados ou até mesmo evitados. O modo como nos posicionamos nas mesas normalmente é premeditado, dificilmente aleatório, a menos que não exista outro lugar no restaurante. Algumas pessoas cedem sua vez na fila por não aceitar determinada mesa.

A posição escolhida varia de acordo com o local, o relacionamento entre as pessoas, o espaço e a personalidade de cada indivíduo.

Procure avaliar certas características como liderança, motivação, sexo, dominância, tipo de atividade e até mesmo introversão e extroversão.

Liderança

A mesa do escritório é privativa, pessoal. Quanto mais importante seu nível e função, mais sua mesa se destaca. É impensável um funcionário sentar-se à mesa do diretor da empresa, não importa o motivo.

Normalmente o líder se coloca na cabeceira da mesa. No Brasil, dada a destacada posição, deve pagar a conta. Em centenas de reuniões das quais participei como militar, não me lembro de uma sequer em que os chefes não se sentaram na ponta da mesa. No caso das refeições, a posição muda e passa a se chamar "santa ceia". A autoridade máxima é colocada no centro.

Um dos motivos alegados pelos pesquisadores é que a posição determina o fluxo e o controle das comunicações. Isso tem a ver com a liderança.

De modo consciente, muitas pessoas sabem a importância da posição na hora de se comunicar com os demais. Quando desejam falar, procuram as mais proeminentes.

Tarefas

Diversos estudos foram realizados a partir da observação do comportamento das pessoas quando se sentam à mesa para realizar determinadas tarefas. Uma das conclusões é por demais interessante. A natureza do relacionamento é mais importante do que o assunto em si, que pode ser pessoal ou impessoal. O pesquisador Robert Sommer cita que um casal de amantes, discutindo meteorologia, pode ter uma conversa mais íntima do que o professor na sala de aula, com mais de trezentos alunos, falando sobre sexo na aula de fisiologia.

Dominância

A posição na mesa pode indicar, além da liderança, o *status* da pessoa. Algumas vezes, o procedimento se torna norma de cerimoniais e reuniões de governo.

A figura a seguir, que foi motivo de vários estudos, mostra que as pessoas sentadas em 1, 3 e 5 tendem a falar mais. As outras, voluntariamente ou não, ficam fora da discussão. Observaram-se vários tipos de liderança nos três primeiros casos. Os líderes 1 e 5 são preocupados com o trabalho. O líder 3 é mais social e emocional. Note que a pintura de Leonardo da Vinci coloca a figura de Jesus Cristo na posição que corresponde ao número três.

Sexo

Amigos íntimos normalmente se sentam lado a lado. Algumas vezes, nos restaurantes, por uma questão prática, o casal se senta em lados opostos, especialmente se a mesa for quadrada e o espaço pequeno, o que facilita a colocação dos talheres. Assim, a posição não é orientada pelo desejo, mas por aquilo que o meio oferece.

Motivação

Sentar-se próximo constitui também uma motivação. Observe que jovens amantes parecem estar sozinhos em locais lotados, pois, no jogo da sedução, têm olhos apenas para si mesmos. Algumas vezes ignoram até o garçom. Parece que o pobre intruso surgiu ali de repente.

Quanto mais perto estamos de alguém, mais podemos controlar e regular a intimidade pessoal.

Pessoas extrovertidas tendem a se sentar perto. Os introvertidos normalmente escolhem posições mais distantes.

Vamos observar alguns exemplos e suas interpretações. Para fazer uma boa análise, você deve lembrar os fatos descritos anteriormente. Para uma boa avaliação é preciso levar em conta lugar, data, motivo, pessoas envolvidas e outros elementos que já foram mencionados.

Posições

Nosso posicionamento em relação às pessoas tem importância capital quando desejamos influenciá-las. Um jeito muito fácil de dispensar imediatamente o visitante é recebê-lo de pé no nosso escritório.

A posição na mesa também vai definir com certa facilidade o tipo de conversação que desejamos estabelecer.

Na figura a seguir, a mesa funciona como uma barreira. Limita e causa desconforto aos participantes. Trata-se de uma posição muito difícil nas negociações. O espaço físico não permite maior aproximação do cliente e o fracasso provavelmente será quase total. Evite-a de todas as maneiras, exceto se desejar não se comunicar com o outro. A posição é competitiva e antagônica. As pessoas estão em territórios iguais, mas opostos. Existe o sentido de competição e a mesa é o abismo que as separa. Há tempos, antes de iniciar uma reunião de condomínio, antecipei o confronto entre os dois participantes, que se sentaram nestas posições.

Na posição a seguir, as pessoas estudam ou fazem trabalhos em conjunto. É posição do colaborador.

Ao negociar, ou participar de contatos com os chefes, primeiramente aproxime-se na posição 1. Depois do contato inicial, discretamente vá para a posição 2. Finalmente, tente ficar ao lado de quem deseja convencer.

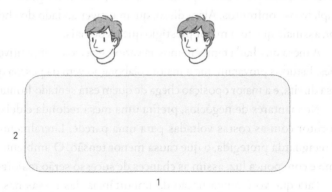

Tome cuidado para não dar a impressão de estar invadindo territórios, principalmente se for a mesa do chefe. Evite ficar em pé, para não mostrar superioridade. Também é fácil para introduzirmos uma terceira pessoa na conversação.

Mesas redondas dão à conversação um aspecto informal e são ideais para trocar ideias ou debater. A mesa redonda do Rei Arthur está repleta de simbolismos.

Mesmo que minimize o confronto, a mesa redonda coloca as pessoas de forma diametralmente opostas. Por isso, não conseguem evitar por completo os confrontos. Além disso, quem estiver ao lado do chefe ou diretor, assinala que tem maior prestígio que os demais.

A mesa quadrada também mostra vários aspectos competitivos nas relações. Estudos provaram que a maior colaboração vem da pessoa que está a nossa direita, e a maior oposição chega de quem está sentado frontalmente.

Nos jantares de negócios, prefira uma mesa redonda e deixe seu interlocutor com as costas voltadas para uma parede. Literalmente ele terá sua retaguarda protegida, o que causa menor tensão. O ambiente deve ser calmo e com pouca luz, assim as chances de sucesso serão maiores.

Para que você tenha noção da importância das mesas nas negociações, enquanto os soldados morriam na guerra do Vietnã, os líderes demoravam mais de seis meses para definir a posição das mesas nas negociações realizadas em Paris.

Não seja radical. Aproveite o que está disponível. Todos os formatos de mesas têm seus prós e contras.

Comportamento espelho: como criar empatia com os interlocutores

Você já deve ter percebido que, quando alguém boceja, imediatamente alguém do grupo repete o gesto. As causas são fisiológicas.

Outro dado interessante é que muitas vezes o subordinado passa a ter a mesma atitude do gerente e a estagiária atende ao telefone com o mesmo tom de voz da chefe. Sem contar que muitas vezes tentamos, de forma consciente, imitar as atitudes, o corte de cabelo e o modo de se vestir das pessoas que admiramos.

Consciente ou inconscientemente, estamos dizendo que somos iguais a eles e, principalmente, que sua presença nos faz bem. A facilidade de comunicação entre os que possuem as mesmas afinidades são maiores.

Esse tipo de comportamento é chamado de espelho ou espelhamento, e ajuda muito as pessoas nas relações interpessoais. Para alguns estudiosos, é uma atitude inerente à maioria dos seres humanos e visa a cooperação mútua. Os homens a desenvolveram ao longo de milhares de anos, tendo em vista a sobrevivência, pois cooperar traz benefícios para o grupo e ajuda na conquista de mais alimento, segurança, conforto.

É evidente que tal comportamento varia de acordo com a cultura, mas os pesquisadores têm a perfeita noção de que existem diferenças capitais entre as mulheres e os homens, tanto na forma como na intensidade com que se espelham.

Se pensarmos que espelhar evita conflitos, facilmente vamos concluir que as mulheres são mais propensas a conciliar, o que é a mais pura verdade. Elas se espelham cerca de quatro vezes mais que o sexo masculino.

Em parte, a explicação está no fato de que as mulheres se identificam mais facilmente com as outras, enquanto o homem tem mais dificuldades para se espelhar. Em condições especiais, no entanto, eles se saem muito bem, principalmente quando querem conquistar e seduzir a provável parceira.

Existe também a facilidade de empatia do sexo feminino que, somada a sua grande capacidade de trabalhar com as expressões faciais, tornam as mulheres muito mais aptas do que o sexo masculino a praticar o comportamento espelho.

Em nossa sociedade, culturalmente os homens são obrigados a reprimir emoções. "Meninos não choram." Esse tipo de educação colabora para diminuir consideravelmente a capacidade de empatia masculina. Já as mulheres podem ter mais dificuldades para espelhar os homens, pois eles usam muito mais o corpo do que a face para sinalizar determinadas atitudes.

Linguagem corporal 117

É evidente que, se espelhamos de maneira inconsciente outras pessoas, também é certo que podemos fazê-lo intencionalmente, a partir de treinamento, pois trata-se de uma das técnicas mais utilizadas de linguagem corporal. No entanto, tenha muito cuidado, pois a tentativa de espelhar o outro pode resultar em posturas e comportamentos ridículos.

Como já dissemos, normalmente os subordinados espelham os superiores. Caso o líder de uma equipe adote determinada atitude, é provável que os demais o sigam, tanto na postura como no tom de voz.

A entonação de voz realizada de modo idêntico ao do interlocutor facilita a comunicação entre as partes. Para que a modulação seja a ideal, tente equilibrar a velocidade de sua voz com a do interlocutor durante as conversas. As pausas também têm grande importância como elemento de comunicação. Se possível, fale mais devagar.

Chefes e líderes podem agir assim para deixar o subordinado mais à vontade e influenciá-lo mais facilmente. O mesmo pode ser feito pelo vendedor que deseja vender mais.

Tome cuidado para não tentar fazer isso com seu chefe nas reuniões. Os outros participantes podem perceber e, na primeira oportunidade, ridicularizarão seu comportamento.

O espelhamento é mais natural e espontâneo entre amigos e pessoas com determinadas afinidades. Certa vez, observei que mesmo desconhecidos são capazes de chegar a excelente resultado. Um casal de adolescentes se espelhou quase que automaticamente ao se encontrarem no evento de "animes". A troca de informações e interesses deu-se de forma idêntica, ou seja, ambos demonstraram alto nível de afinidades por determinados assuntos.

Foi extraordinário observar a "dança" entre os dois, a posição das mãos, os cotovelos colocados da mesma forma na mesa, os movimentos das cabeças, a inclinação da coluna.

Como o espelhamento era quase todo inconsciente, as pernas debaixo da mesa permaneciam iguais. Viraram-se para o garçom da mesma maneira, quando suas mãos tentaram pegar o *menu* ao mesmo tempo. Os movimentos e a fala estavam perfeitamente sincronizados. Riam ao mesmo tempo e com igual intensidade.

A frustração se deu quando uma terceira pessoa tentou se juntar a eles e acabou destruindo parte do eco posicional que existia entre os dois. O mais interessante foi que após certo tempo de rejeição, a pessoa resolveu ir embora e os movimentos voltaram a ficar sincronizados de modo bastante espontâneo.

Observei, por alguns minutos, a volta da microssincronia nos seus gestos. Havia pequenos movimentos nas mãos e mudanças quase imperceptíveis nos dedos. As cabeças pareciam coordenadas quando observavam algo ou as revistas que manuseavam.

Morris (1977) afirma que o cérebro humano absorve as mensagens gerais de sincronia e responde apropriadamente com sensação de cordialidade àqueles que ecoam nossas posturas e movimentos corporais.

Como no caso anterior, é comum amigos adotarem posições corporais idênticas. A voz e o posicionamento dos corpos ficam parecidos. Não se trata de um processo de imitação consciente. Alguns especialistas o chamam de eco posicional.

Segundo Desmond Morris, o verdadeiro vínculo geralmente ocorre entre pessoas de mesmo *status*. Na realidade, o eco posicional quer dizer: "sou exatamente como você" ou "somos idênticos". Então, fica difícil ocorrer entre pessoas de níveis diferentes.

Quanto maior a intimidade e o tempo de amizade, maior o ritmo de sincronia das ações; mais importante de ser observado do que a postura exata de cada pessoa. Não existe a intenção de imitar o outro, e sim a necessidade de igualar a velocidade dos movimentos.

Não se esqueça deste último detalhe. Ele é muito importante para que você possa avaliar de modo preciso determinadas situações.

Objetos na linguagem não verbal: fotos, diplomas, armas etc.

Os objetos que carregamos ou colocamos ao nosso lado, em casa ou no trabalho, são fontes poderosas de linguagem não verbal.

Os objetos transmitem várias e importantes informações a respeito de quem os usa. Não raro, servem para sinalizar determinada atitude ou posição social. Um tipo de carro, a marca das roupas, o relógio e os óculos servem para determinar de maneira intensa a posição do indivíduo no seu meio social e indicam gostos e refinamentos.

É evidente que nem sempre conseguimos precisão com esse tipo de observação. Se muitas vezes é fonte de informações preciosas, por outro lado nos ilude, quando, por exemplo, bandidos entram facilmente em um banco vestindo ternos sofisticados de grife famosa.

Os objetos de poder são aqueles usados para determinar a posição social da pessoa perante o grupo, destacar determinadas qualidades em relação aos demais e mostrar características intrínsecas do usuário.

Muitos desses objetos são até mesmo oficializados e de uso obrigatório, dependendo da posição que a pessoa ocupa. Outros são de livre escolha. Mas também existe a necessidade física.

Os objetos oficiais que indicam poder são os mais variados possíveis e muitas vezes guardam similaridades em culturas diferentes.

O quepe, ou a boina com distintivo, é um atributo de quase todos os militares do mundo. Os generais usam o bastão de comando, réplica minúscula do cajado utilizado por alguns reis africanos. Os reis usam coroas. O papa tem a mitra, chapéu que distingue sua importância e o faz ficar maior que os cardeais.

Médicos e dentistas, para mostrar competência nas especialidades que dominam, colocam inúmeros diplomas em seus consultórios. Eles normalmente estão na parede de mais fácil visualização para os clientes. Até algum tempo atrás, as armas também eram exibidas como forma de *status*. Penduradas em lugares de destaque nas casas, mostravam o "poder de fogo" de seu dono.

As fotos também são utilizadas para sinalizar a importância de alguém perante a sociedade. Em bares, restaurantes e casas noturnas famosas, é comum o proprietário ou gerente colocar as fotos que tirou com personalidades do mundo artístico e político. Ao lado de pessoas importantes, ganham o prestígio que aparentemente não têm, mas desejam.

Se por um lado muitos objetos são de uso obrigatório, existem aqueles que demonstram *status* por motivos culturais e econômicos, muitas vezes frutos da propaganda a que somos submetidos diariamente. Passam a ser objetos de desejo, de sonho. Ter um deles diferencia a pessoa.

Os carros são símbolos de poder em centenas de países. Celso, meu amigo vendedor, relata que perdeu quase 30% de suas vendas no mês em que deixou a carro no conserto e precisou trabalhar com o fusca do cunhado.

Muitos objetos não passam de modismo e perdem força com a chegada de novos substitutos. Ter um celular, logo que esses aparelhos chegaram ao Brasil, era o máximo de importância que alguém poderia mostrar. Tirá-lo do bolso para falar em público era motivo para ser logo notado. Hoje, ainda resta uma pequena herança, quando se lançam aparelhos mais aprimorados.

Os tênis utilizados por jovens sempre foram uma forma de individualizar e mostrar poder diante dos outros. Assim, é natural que surjam falsificações, pois nem todos alcançarão o *status* ambicionado.

Livros sobre a mesa indicam que a pessoa é estudiosa, culta e interessada em conhecimentos. Dr. João tinha alguns títulos em francês na sua mesa. Era reconhecido no meio como erudito. Bom advogado, não lia uma linha em francês. Dizia que a mensagem dos livros é poderosa demais para ser deixada de lado. Por isso, andava sempre com um debaixo do braço.

A necessidade era tanta que, certa vez, ao receber um cliente em casa, acabou exibindo o livro de receitas da esposa.

Os troféus e medalhas são itens de poder que precisam de destaque, assim como os diplomas. Em todos os grandes clubes desportivos brasileiros existem as salas de troféus, onde são expostas as conquistas. Quanto maiores, mais importância tem o clube. Isso precisa ser mostrado aos torcedores. Algumas dessas salas viraram lugares de adoração e verdadeiras peregrinações são programadas, embora sejam cobrados ingressos para o que os organizadores chamam de visita monitorada.

Nesse contexto, não podemos deixar de lado o vestuário. Mesmo pessoas que insistem em se dizer despojadas, afirmando que não dão a mínima para as roupas que vestem, passam informações que são exatamente o oposto do que divulgam.

De acordo com Morris (1977), normalmente a roupa tem três funções primordiais: conforto, recato e ostentação.

A primeira se relaciona com a utilidade. Em climas frios vestimos agasalhos. Nos dias quentes usamos roupas leves. Com o passar do tempo, a utilidade passou a ser a mais variada possível e surgiram os trajes específicos, como os de monges, freiras, astronautas, militares, advogados, juízes e outros.

A função das roupas, entretanto, não ficou apenas no item conforto. Ao ficar ereto e se posicionar diante dos semelhantes, nossos ancestrais eram incapazes de fazê-lo sem exibir-se sexualmente. Acharam melhor esconder os órgãos genitais. Agora fica fácil entender por que a tanga é o mais difundido traje cultural, desde as praias brasileiras até as mais remotas tribos da África.

Para evitar a exposição de determinadas partes do corpo, cada cultura criou e ainda cria os mais diversos tipos de trajes. Na realidade, as vestimentas reduzem o potencial sensual e sexual que as mais diversas partes do corpo emitem. Pernas, seios, nádegas, ombros, costas, cada detalhe é escondido ou mostrado de acordo com a cultura.

Quanto mais exigente no plano antissexual é uma sociedade, mais abrangente e maior a quantidade de roupas. Assim, chegamos à *burka*, traje que cobre e esconde a mulher dos pés à cabeça, privando-a de qualquer tipo de exposição do corpo, inclusive de suas formas.

A terceira função da roupa é a ostentação. Se por um lado os reis e os nobres sempre se vestiram com ostentação, os súditos tentavam usar pequenas partes do vestuário dos senhores como função paliativa.

A ausência da gravata impede o ingresso em um baile, pois demonstra falta de concordância com o rito social que está ocorrendo. Ao colocar terno e gravata, nos individualizamos e podemos ingressar em determinados locais, grupos, solenidades.

Como instrumento de poder, as roupas ainda têm o mesmo significado de tempos atrás. Se por um lado não copiamos as pesadas vestimentas da realeza, por outro, ostentamos as mais diversas grifes. Etiquetas famosas parecem abrir portas pelo simples fato de estarem coladas no bolso das camisas e estampadas nos botões.

Resumindo, os objetos de poder podem e muitas vezes são utilizados de forma intencional como demonstração de *status*.

Além dos que foram citados, há uma relação quase infinita de joias, colares, pulseiras, carteiras, relógios, mantas e outros adornos.

Como detectar mentiras

A regra mais importante para entender este capítulo é a seguinte: "Todos nós mentimos. A mentira faz parte do ser humano".

A mentira é o comportamento sobre o qual os pais e a família são mais contraditórios com os filhos. Se por um lado ensinamos às crianças ética, respeito e virtudes, por outro, as treinamos intensiva e ostensivamente para que mintam. Obrigamos nossos filhos a mentir. Exigimos isso deles.

Quando faço tal afirmação em palestras, vejo o ar de reprovação nos olhos das pessoas. É impossível, dizem, jamais faria isso com meus filhos.

Passado o desconforto inicial, geralmente consigo convencer a quase todos, e tenha certeza de que não são poucos.

A criança não sabe mentir. Embora a natureza nos tenha presenteado com o dom da verdade, a mentira é aprendida. Trata-se de um longo caminho que começa quando o telefone toca e o filho atende. Muitas vezes o pai pede ao filho para perguntar quem é e acrescenta:

– Se for fulano, diga que não estou!

E a criança explica, sem cerimônia:

– Meu pai mandou dizer que não está.

São centenas de exemplos que as crianças recebem diariamente dos adultos.

– Caso sua tia sirva aquela sopa de espinafre, não diga que está ruim, elogie – é o que recomenda a zelosa mãe ao filho, antes de visitarem a tia Albertina.

Além das mentiras existem a "meia verdade", os exageros, as omissões, os esquecimentos providenciais, o blefe, o perjúrio, a dissimulação, o fingimento e outras formas de burlar a verdade. Mentir é um ato que aperfeiçoamos com o tempo, até que nos tornamos especialistas. Os espanhóis dizem que o diabo é esperto não porque é diabo, mas sim porque é velho.

O Dr. David L. Smith diz que uma das funções básicas da linguagem é enganar. Eufemismos, trocadilhos, duplos sentidos e outros tipos de discurso codificado usam metáforas e analogias para exprimir os significados indiretamente. O autor escreve, sem meias palavras, que somos mentirosos por natureza. A mentira, para ele, é qualquer forma de comportamento que forneça informações falsas ou prive alguém das verdadeiras. Mentir pode ser um ato consciente ou inconsciente, verbal ou não verbal, declarado ou não declarado. Nesse sentido, um sorriso falso é uma mentira.

Estima-se que escutamos cerca de duzentas mentiras dos mais variados tipos diariamente. Outros estudos mostram que mentimos a cada 20 minutos.

É bem verdade que muitas delas são mentiras sociais e inofensivas, cujo objetivo é tornar as relações mais amenas e menos conflitantes.

– No momento a vaga está fechada, mas caso seja reaberta, certamente vamos te chamar.

Ao dizer isso, a analista de recursos humanos sabe que está mentido. Jamais chamaria aquele candidato, pois suas qualificações são escassas. Contudo, para preservar a pessoa, mente socialmente de modo aceitável.

Como vemos, a prática é corrente e aceita. Em quase todas as sociedades existem mentiras aceitáveis e até mesmo algumas obrigatórias. São mentiras convencionais, utilizadas para diminuir os possíveis conflitos ou danos que seriam gerados se falássemos a verdade.

A mentira se torna condenável quando passa a causar prejuízos aos demais, tanto no plano moral como no material.

Na maioria das vezes, o especialista em linguagem corporal tem a exata percepção de que a pessoa está mentindo, mas nem sempre consegue descobrir o motivo que a levou a fazê-lo. Isso acontece porque nem sempre conseguimos trabalhar de modo adequado a situação do mentiroso. Por exemplo: ninguém em sã consciência é capaz de expor a pequena mentira do diretor da empresa.

Existem também pessoas que são exímias dissimuladoras. Portanto, fica praticamente impossível descobrir sua mentira. É o caso de alguns políticos que aperfeiçoaram a técnica por longos anos.

As pesquisas de cunho científico a respeito de mensagens corporais, verbais e não verbais, indicativas de mentira, tiveram início na década de 1960. Pesquisadores examinaram as reações fisiológicas de estudantes universitários em laboratórios quando eles mentiam.

Segundo Paul Ekman, um dos pioneiros nesse campo, são observadas as variações no ritmo da respiração do entrevistado, a elevação no registro de voz, a forma como a pessoa se movimenta e até mesmo se não se movimenta, como também sinais de tensão, que indicam se ela esconde algo.

Ainda segundo o autor, "a única forma de possibilitar a detecção de mentira é treinar as pessoas, sem computadores, sem padrões de medição, apenas para fazê-las usar os olhos e os ouvidos".

Em muitos países existem cursos que ensinam a detectar mentiras. São frequentados por juízes, policiais, promotores, agentes de segurança, professores. Normalmente são observados os sinais inconscientes que as pessoas enviam quando não estão falando a verdade. Nem sempre é fácil detectar a mentira. Por isso, câmeras especiais, estrategicamente posicionadas, suprem a falta de precisão do olho humano diante da rapidez das mentiras.

O biólogo Alan Grafen garante que a "mentira social é um sintoma de equilíbrio numa sociedade avançada".

Existem várias técnicas e procedimentos relacionados à fisiologia da mentira. A ressonância magnética funcional mostra o aumento na circulação sanguínea no lobo frontal do cérebro (razão) e no lobo temporal (emoção). O escaneamento termal dos olhos também é interessante, pois com a mentira a temperatura dentro dos globos oculares se amplia.

Evidentemente ainda existem falhas na maioria dos métodos adotados, mas os resultados finais são consistentes e animadores.

Assim como não existe alguém capaz de detectar mentiras sem nenhuma margem de erro, não existem mentirosos perfeitos. De acordo com Ekman, mentir com imperfeição é fundamental para nossa sociedade.

Algumas pesquisas sugerem que os especialistas treinados em detectar mentiras conseguem um índice de acerto 70% maior que os demais.

Não poderíamos viver sem mentiras. Para não ultrapassar os limites éticos da medicina, os médicos não dizem a verdade em toda sua extensão a uma adolescente diagnosticada com doença terminal.

Assim, existem várias razões pelas quais as pessoas mentem. Elas aparecem isoladas ou em conjunto.

Tendo como objetivo preservar sua privacidade e fugir de castigos, a criança mente com medo de represálias. Para ser elogiado pelos amigos, o adolescente diz que namorou várias meninas na escola, e assim evita constrangimentos de ser o único da turma que não conquistou ninguém.

Ganhar recompensas, ajudar alguém a escapar de castigo, proteger-se de agressões físicas, sair de situações embaraçosas são outras situações que levam à mentira.

Sinais de mentiras

Os sinais de mentiras nunca aparecem isolados, mas sempre em conjunto de dois ou mais.

Olhos

O especialista em linguagem corporal quase sempre olha primeiro no rosto das pessoas, principalmente nos olhos. Já vimos anteriormente que o movimento ocular é importante, entre outras coisas pela posição e movimento das pupilas.

Analise o padrão desses movimentos. Se em determinado instante ele mudar, é provável que a mentira esteja sendo dita, principalmente se os olhos não transmitirem confiança ou se desviarem na hora das perguntas mais complicadas.

Os olhos começam a piscar com frequência maior que a normal. Ocorrem pequenas paradas com os olhos fechados, como se o interlocutor não desejasse "ver" aquilo que está dizendo. Mas lembre-se que o piscar se intensifica com o alto nível de ansiedade.

As mãos são levadas aos olhos de forma a tapá-los. Às vezes a pessoa os esfrega com toda a mão ou com os dedos indicadores. Temos aqui um dos três gestos dos macaquinhos: não olho, não falo e não escuto.

Observe a simetria do rosto. No mentiroso não existe equilíbrio entre a parte direita e a esquerda.

Tapar a boca

Pesquisas científicas mostram que o mentiroso amplia o número de autocontatos com o rosto: afagar o queixo, pressionar os lábios, coçar a sobrancelha, alisar o cabelo, tocar no lóbulo da orelha e outros.

Tapar a boca é o segundo gesto de autocontato dos macaquinhos. Quando a mão cobre a boca, trata-se de um gesto inconsciente de dizer "cale a boca" a si mesmo. A pessoa reprime as próprias palavras, pois sabe que seu significado não é verdadeiro. Isso também é feito de modo velado, ou seja, em vez de colocar a mão, a pessoa pode colocar o dedo indicador e até mesmo um lápis ou outro objeto.

Em alguns casos, existe o engasgo. A pessoa tosse. Literalmente se engasga com as próprias palavras. O exagero ocorre quando ela aperta as mãos na boca e depois as fecha no ar, como se estivesse querendo esmagar as mentiras. O sussurro, com palavras quase ininteligíveis, exacerbam a mentira.

O dedo na boca, no adulto, é um gesto regressivo, um retorno inconsciente à primeira infância. Além de mentira, pode indicar ansiedade. Ampliar o roer de unhas, também. Muitas vezes a unha é substituída por algum objeto.

Tapar os ouvidos

Seria um exagero a pessoa tapar os ouvidos para dizer uma mentira, mas há quem faça. Portanto, socialmente, esse gesto se atenuou de várias formas. Tanto no homem como na mulher, passar as mãos nos cabelos e ao mesmo tempo encobrir as orelhas é um sinal de mentira. Segurar e/ou coçar a orelha é outra variação do sinal. A pessoa não quer ouvir o que diz. Mas tome cuidado. Muitas vezes a pessoa simplesmente não quer mais escutar o que o outro tem a dizer.

Movimentos da cabeça

A postura mais comum de quem fala a verdade é inclinar a cabeça em direção ao interlocutor. Quando mente, a tendência é se afastar, ganhar mais tempo para aperfeiçoar o que vai dizer, achar a mentira ideal.

Os movimentos da cabeça devem estar em concordância com todo o corpo. O "não" pode estar verbalizado. Mas a cabeça se movimenta na direção do "sim", de modo afirmativo. Essa contradição indica que algo não está correto na postura e provavelmente se trate de uma mentira.

Tocar o nariz

Os cientistas e especialistas procuram os mais diversos sinais fisiológicos indicativos de que alguém mente. Está provado, por meio de tomografia computadorizada, que a mentira aciona diversas áreas do cérebro. É um processo bastante complexo, que elimina a praticidade, quando se trata de descobrir uma mentira corriqueira.

Também é certo que ao mentir a pessoa libera algumas substâncias que causam uma espécie de irritação no nariz. Sua vascularização se expande, principalmente quando a mentira é intencional. Embora a tensão seja pequena, faz com que surja uma coceira na ponta do nariz. O autor da mentira se apressa a esfregar o local com os dedos, mesmo que seja por alguns segundos. Deve-se levar em conta que existe a coceira no nariz, pura e simples.

O gesto pode estar ligado àquele de tapar a boca, só que de outra maneira, já que ao roçar o nariz a pessoa encobre, ainda que de modo parcial, aquilo que diz. Chamado de "Efeito Pinóquio", talvez tenha levado, de forma inconsciente, Carlos Colodi a criar seu famoso personagem.

Respiração

Existem casos em que o mentiroso se torna ofegante. Muitas vezes o que ocorre são pequenas, mas perceptíveis variações no ritmo e no ciclo de respiração. Os intervalos se tornam diferentes dos habituais, mais rápidos e menores. Existem suspiros longos e profundos. Após um "não", pode haver uma bufadela de ar para fora. Contudo, muitos desses sinais estão ligados à ansiedade, e se não forem observados juntos com outros, indicam apenas isto: ansiedade e tensão.

Afrouxar o colarinho

Ao mentir, ocorre o aumento da pressão arterial. Nesse caso, a pessoa deseja se soltar um pouco, quer respirar mais tranquila em relação às mentiras que está dizendo. Em alguns casos, funciona como extensão do gesto de tapar os ouvidos.

Mãos e braços

Não é só a boca que mente, mas o corpo todo. Como é difícil que mintam em conjunto, o movimento de algumas partes entram em constante contradição com aquilo que se diz. Os braços ficam cruzados em postura defensiva e aparecem alguns tremores nas mãos. Mas isso também pode indicar apenas medo. Entretanto, para oradores e políticos isso nem sempre é verdade, pois eles estão condicionados a mentir e a gesticular com mais intensidade.

O mentiroso diminui de modo considerável a frequência da gesticulação das mãos em relação aos padrões que exibe quando fala a verdade. Quando a pessoa se envolve em uma conversa franca e natural, não tem a percepção de como suas mãos se movimentam. Ao mentir, tenta controlar, deixa de ilustrar a fala com os gestos, pois não quer que suas ações fiquem transparentes.

O gesto de encolher as mãos fica mais constante, enquanto a gesticulação diminui de maneira drástica. As mãos também ficam escondidas, se

130 Paulo Sergio de Camargo

agarram a objetos, são colocadas para trás ou nos bolsos de modo aflitivo e algumas vezes fingido, como se procurasse a carteira, por exemplo.

Ainda na utilização das mãos, o mentiroso que não quer responder as perguntas tenta construir barreiras inconscientes entre ele e o outro. Nesse caso, se utiliza de bolsas, revistas e outros objetos para afastar-se do indesejado.

Microexpressões

Microexpressões são expressões faciais rápidas e involuntárias. Normalmente ocorrem quando a pessoa tenta ocultar ou reprimir determinadas emoções, em situações de alta tensão ou estresses constantes, como por exemplo em interrogatórios, entrevistas de emprego e certas situações embaraçosas.

Se por um lado as pessoas conseguem fingir algumas emoções, por outro, são poucas que alcançam sucesso ao tentar esconder as microexpressões. É muito difícil movimentar e controlar determinados músculos faciais.

As microexpressões são observadas no movimento ao redor dos olhos, nas tensões dos olhos, nos lábios e ao redor deles.

Normalmente, uma microexpressão leva em torno de 1/25 segundo. Por isso, é difícil avaliar a maioria delas.

Diversos fatores são levados em conta:

- os interlocutores estão em pleno movimento;
- a face muda de lado, principalmente quando existem mais de duas pessoas conversando;
- a iluminação pode influir de forma decisiva na observação;
- pouco tempo para perceber os movimentos localizados na face.

As microexpressões não são simétricas, ou seja, ocorrem de maneira distinta em cada lado do rosto. Durante o movimento de sobrancelhas, por exemplo, se observamos a face lateralmente, dependendo da posição, perdemos grande parte das microexpressões, o que compromete a avaliação da emoção. Logo, as circunstâncias que ocorrem ao nosso redor, como luz, sombra, conversas, têm importância capital.

Algumas microexpressões indicam que a pessoa tenta esconder suas verdadeiras emoções e nem sempre quer dizer que esteja mentindo. Ela pode tentar esconder sentimentos de tristeza para demonstrar força de vontade em situações críticas.

Os estudos pioneiros nesse campo são datados de 1966, com Haggard e Isaacs. A experiência filmou pacientes e terapeutas durante as sessões de análise. A pesquisa visava procurar elementos da linguagem corporal nessa interação. As observações iniciais foram chamadas de "micromomentary".

No ano de 1960, William fez estudos com aquilo que chamou de micromovimentos inter-racionais. A pesquisa mostrava os quadros de 1/25 segundo, e se ampliou para o estudo dos microrritmos entre pessoas.

O estudo de John Gottman, com casais, é considerado o mais importante de todos. Observando os parceiros, ele passou a concluir se as relações durariam ou não. Além do desprezo, que considera a característica mais importante, Gottman observou mais três: defensividade, embromação (*stonewalling*) e crítica. A experiência é descrita por Malcolm Gladwell no livro *Blink, a decisão num piscar de olhos*, Rocco, 2005.

É certo que a maioria das pessoas não consegue observar e avaliar as microexpressões de forma idêntica. A percepção não é mesma e depende de fatores culturais, vivências, conhecimentos, estudos.

Também é correto afirmar que uma ínfima parte da população é naturalmente apta para observar microexpressões em vários graus sem qualquer tipo de treinamento ou conhecimento.

Paulo Ekman e O'Sullivan, no projeto Diógenes, concluíram que poucas pessoas são hábeis para detectar que outra está mentindo. Talvez seja fruto de nossa evolução, pois se todos fossem capazes de identificar mentiras, certamente o nível de conflitos seria de tal monta que impediria a convivência pacífica entre as pessoas.

A voz

A voz é o centro da mentira. Preste especial atenção ao tom, à modulação, à postura e ao timbre da voz.

A história contada pelo mentiroso também deve ser passível de verificação, especialmente porque estamos procurando sinais de mentira, não só no plano corporal, mas também no verbal. Eles se apoiam em histórias verdadeiras e mentem apenas nos trechos que lhes interessa.

É normal que criem ações completas, do começo ao fim, tentando amarrar todos os pontos que possam levar a uma desconfiança ou deixar o outro intrigado. É uma forma de tentar se livrar por antecipação de futuras perguntas.

Ao criar estratagemas, entretanto, podem ser pegos na mentira. Um deles é a "ponte de texto". O mentiroso acelera a ação, para omitir aquilo que realmente interessa. Pula as partes que acha mais convenientes e então aparecem vários vácuos na história. Esse *gap* é facilmente percebido por policiais experientes quando interrogam criminosos.

Retardar o interrogatório é uma forma de ganhar tempo para elaborar de maneira mais sofisticada a mentira. Por várias vezes a pessoa solicita que a pergunta seja feita novamente. Pede que a repitam de outro modo, diz que não entendeu e que o interrogador precisa ser mais objetivo.

Os detalhes mais negativos quase sempre são omitidos. O mentiroso procura mostrar o mundo ou os fatos de forma perfeita. Então, desconfie quando tudo está muito certo. Se tudo parece perfeitamente encaixado, é porque existe algo errado.

Rafael Boechat, psiquiatra e professor da Faculdade de Medicina da Universidade de Brasília (UnB), diz que ao processar uma pergunta o córtex pré-frontal encontra a resposta verdadeira sem fazer esforço. "Para mentir, é bem mais complicado", o cérebro tem de eliminar a resposta verdadeira. Depois, precisa buscar no seu banco de dados uma resposta alternativa: a mentira. Essa busca exige o funcionamento de outras regiões que cuidam da linguagem. Nessa confusão toda, uma parte do cérebro especializada em conflitos — o córtex cingulado anterior — é fortemente ativada. "Quando você mente ou esconde um segredo, é como se essa parte do cérebro ficasse gritando: 'Mas eu sei que não é isso!' O que deixa qualquer um aflito", completa o professor da UnB em entrevista dada ao Jornal Correio Braziliense.

O "Dia da Mentira"

Existem diversas explicações para o Dia da Mentira. Ao que parece, tudo teve início na França, no começo do século XVI. O Ano Novo era festejado em 25 de março, começo da primavera. As festas duravam cerca de uma semana e terminavam exatamente no dia 1° de abril.

Após a adoção do calendário Gregoriano, em 1564, o rei Carlos IX ordenou que o Ano Novo fosse comemorado no dia 1° de janeiro. Houve forte resistência de muitas pessoas, que continuaram marcando festejos para o dia 1° de abril. Como as festas acabavam não acontecendo, ficou instituído o Dia da Mentira.

Para concluir este capítulo, lembre-se que as pessoas mentem, mas as motivações são as mais diversas, e a mentira nem sempre é um crime, ao contrário, serve como argamassa social. Antes de acusar alguém de estar mentindo, temos de ter plena convicção do fato. Em termos de linguagem corporal, isso só ocorre com sólida experiência e muitos anos de estudos.

15 Linguagem corporal durante a entrevista de emprego

Principalmente para os entrevistadores, mas também para quem é entrevistado, a compreensão dos processos de linguagem corporal é de grande valia. Muitas empresas, em todo o mundo, treinam seus funcionários para reconhecerem os mais diversos tipos de sinais emitidos pelos clientes.

Ao avaliar a linguagem corporal dos participantes de uma dinâmica de grupo, o profissional amplia facilmente sua gama de conclusões.

Como você vai observar no próximo capítulo, a entrevista de emprego tem muitas similaridades com a de vendas. Em outras palavras, na realidade o candidato à vaga está "vendendo" todo seu potencial para a empresa na qual deseja ingressar.

O processo funciona em mão dupla. Se você for o entrevistado, deve utilizar todo conhecimento de linguagem corporal para convencer. Caso seja o entrevistador, procure reconhecer as mensagens que o candidato passa ou tenta passar, tanto consciente como inconscientemente.

Antes de iniciar a entrevista, é bom lembrar que, como no primeiro encontro de um jovem casal, o candidato tentará mostrar apenas as facetas de sua personalidade que considera ideais para a empresa. Trata-se de um processo instintivo e muitas vezes a pessoa agrega pequenos exageros às suas qualidades e pode até mentir com convicção.

Em minha experiência, frequentemente notei quando os candidatos citavam seus supostos defeitos dando-lhes roupagem de qualidades. Por exemplo: "sou muito exigente comigo mesmo nos prazos" ou "sou perfeccionista ao extremo".

Cabe ao entrevistador observar tudo com profundidade e definir com precisão cada caso. Certamente existem mentiras durante os processos, mas a maioria é identificada, até com certa facilidade.

A entrevista começa quando o candidato entra na sala. A partir daí, inicie a avaliação de seu comportamento corporal. O mesmo serve para quando você entra na sala e uma pessoa o espera. Nesse caso, é normal que alguns presentes se levantem, em respeito ao entrevistador, especialmente se considerá-lo "superior". Ficar sentado pode parecer falta de cortesia, em determinados segmentos profissionais.

Outro dado importante de ser avaliado durante todo o processo de entrevistas é o nervosismo do candidato. Trata-se de um fato natural. Muitas vezes o candidato está desempregado há tempos, portanto é normal que existam fortes níveis de tensão.

Não raro, alguns se apresentam depressivos, angustiados, ansiosos. Avalie atentamente, pois mesmo nessas condições, e durante pequenos períodos de tempo, a pessoa pode passar a imagem de ativa, com energia e entusiasmo, quando na realidade, naquele momento, todas as suas forças foram reunidas para conseguir a vaga.

Não transforme a entrevista em um julgamento ou inquérito, no qual o candidato é observado como em um zoológico. Evite essa agressividade e faça observações discretas, sem constranger o entrevistado.

As observações a seguir servem tanto para os entrevistadores como para os candidatos.

Vestuário

Observe se as roupas estão condizentes com o cargo desejado. As condições sociais são determinantes, mas também é normal vestir as melhores roupas com o objetivo de influenciar os entrevistadores nos processos seletivos.

Evite cores aberrantes, decotes longos, sapatos de saltos extremamente altos e saias curtas. Em que pese toda globalização, os *piercings* e as tatuagens nem sempre são aceitos na cultura de algumas empresas. Como descrevemos anteriormente, são fontes preciosas de informações sobre quem os utiliza.

O cabelo, tanto do homem como da mulher, deve ser discreto. A barba feita ou aparada demonstra limpeza, assim como o corte de unhas.

Postura

O ideal é que a postura seja a mais natural possível, com bom nível de controle, para demonstrar confiança.

Mantenha o tom de voz constante e fale com convicção. Quando mentimos, as variações aparecem e até mesmo gaguejamos.

Não gesticule demasiadamente. Controle as mãos. Apontar o dedo para o entrevistador normalmente é considerada uma atitude bastante agressiva. As mãos nos bolsos, ou para trás, assinala postura defensiva ou até mesmo arrogância, no primeiro caso.

Não se esparrame na cadeira nem encolha a cabeça entre os ombros a cada pergunta feita. É sinal de insegurança e defesa.

Ao sentar-se, mantenha a postura ereta ou um pouco inclinada em direção à pessoa com quem você mantém a conversação. Assinala interesse. Evite se inclinar para trás quando ouvir as perguntas. Mostra defensividade, transmite a ideia de que você não gosta daquilo que escuta.

Não se agarre nos braços da cadeira. É outro indicativo de ansiedade, tensão e falta de segurança.

Se o entrevistador o receber de pé, permaneça de pé também. Uma boa técnica de espelhamento é sentar-se ao mesmo tempo que o outro. Além de ser educado, vai facilitar a comunicação.

Entrada

Não há outra oportunidade para se causar uma boa primeira impressão. Portanto, assim que entrar na sala, tente demonstrar confiança. Não abaixe

Linguagem corporal 137

a cabeça para demonstrar falsa humildade. Seu caminhar deve ser tranquilo. Evite parecer ansioso e vacilante. Mantenha a postura ereta, mas não erga o queixo, pois é sinal de arrogância.

Um sorriso natural, sem afetações, abre muitas portas. Sorrimos para aqueles que nos agradam. Mas não finja. É melhor uma face isenta do que o sorriso falso.

Cumprimentos

Seja direto. Não peça desculpas por estar ali. Responda ao aperto de mão de acordo com o estudado nos capítulos anteriores. Não triture as mãos femininas. Dose a força do aperto. Não use a "mão frouxa", que em determinados estados brasileiros é interpretada como falta de sinceridade e de lealdade.

Conheço pessoas que avaliam os demais somente pela maneira como apertam a mão. Não deixe de considerar o poder dessas informações, mas não as tornem decisivas.

Dizer que as mãos devem estar limpas não é demais. Cuidado ao passar perfumes. As pessoas costumam ter os mais diversos tipos de alergia e o seu perfume passará para elas. Evite fragâncias fortes.

Antes da entrevista, tente descobrir qual é a cultura da empresa. Muitas multinacionais trazem valores de suas matrizes. Os japoneses, por exemplo, tendem a fazer uma pequena reverência com a cabeça nos cumprimentos.

Contato visual

Aproveite de forma intensa a técnica dos olhares. Comece pelo profissional e, se possível, prossiga para o afetivo. Não desvie o olhar do interlocutor e nem abaixe a cabeça ao perguntar. Aja da mesma forma especialmente para responder as perguntas. Mas também não fixe demasiadamente o olhar na pessoa. É constrangedor. Parece uma invasão.

Preste atenção naturalmente. Demonstre que você está atento ao outro. Não responda perguntas com outras perguntas ou resmungando um "hem, repita".

Pesquisas revelam que o bom ouvinte, durante a maior parte do tempo, ou seja, cerca de 70%, olha no rosto do entrevistador. Portanto, faça o triângulo entre os olhos e a boca.

Não olhe para a janela ou para o teto. Indica displicência e falta de interesse com aquilo que está sendo tratado. Não fique catando fiapos imaginários na roupa ou empurrando as cutículas com a unha. Indica desinteresse pelo que ocorre ao seu redor.

As respostas devem ser diretas, precisas e curtas. Não conte histórias longas, mas não responda simplesmente sim ou não.

Espaços

Utilize de maneira ampla todos os conhecimentos de espaços que aprendeu nos capítulos anteriores. Não invada os espaços. Procure manter a distância de um aperto de mão. O cumprimento basta. Não tente tocar os braços, abraçar, beijar.

Não coloque barreiras. Elas são percebidas de forma consciente como sinais de defensividade, se o interlocutor conhecer linguagem corporal.

A bolsa na frente do corpo, agarrada pelas duas mãos de maneira tensa indica falta de segurança, medo.

No caso de ser entrevistado diante de alguma mesa, não invada o território do dono da mesa. Evite colocar sua pasta ou material em cima dela, pois pode ser considerado um desacato.

Gestos

Os melhores gestos são os naturais. Mas, por causa do nervosismo da situação, isso nem sempre é possível. Não cruze os braços nem se encolha ao receber as perguntas.

De forma discreta, com a cabeça, faça gestos de concordância quando o entrevistador fizer algumas afirmações. Abaixar um pouco as sobrancelhas indica concentração e interesse. Potencialize isso e ao mesmo tempo incline um pouco mais o corpo na direção de quem fala. A mão no queixo, de maneira natural, transmite maior nível de interesse.

Mulheres e homens devem evitar abrir as pernas e colocar as mãos nos joelhos. Tente se espelhar no entrevistador, mas cuidado para que isso não seja percebido.

Nunca aponte o dedo para o entrevistador ao responder qualquer pergunta. Além de agressivo, em muitos estados brasileiros é sinal de desrespeito.

Mulheres que ficam ajeitando o cabelo de forma exagerada podem ter esse ato interpretado como tentativa de seduzir, o que para muitos é considerado uma ofensa.

Fechamento

Ao se despedir, lembre-se que embora possa não ser contratado, você precisa ter a porta aberta para novos contatos. Portanto, cumprimente e sorria naturalmente, da mesma forma que fez quando chegou.

16 Linguagem corporal nas vendas

Vender, em muitos casos, tem forte similaridade com uma entrevista. Utilize todas as técnicas do capítulo anterior para potencializar suas vendas.

Além das palavras, ganhar a confiança do cliente por meio da postura corporal é fundamental.

Quando o cliente entrar na loja, durante os primeiros momentos, deixe-o observar à vontade. Não o tome de assalto. Não invada o espaço pessoal do cliente.

Quando a pessoa deseja alguma informação, faz o gesto de varredura, ou seja, ergue levemente a cabeça e faz um giro no plano horizontal à procura de algo. É o momento ideal para abordá-lo.

Saudação, abertura corporal

Seja direto. O aperto de mão segue as regras descritas nos capítulos anteriores. Não tente criar de imediato afinidades intensas, como se o cliente fosse um velho conhecido de infância. Não cruze os braços e nem toque nos clientes ao falar. Não devem existir barreiras entre o cliente e o vendedor. Nem mesas, nem pastas, nem pranchas. Existem lojas que são um amontoado de barreiras. O cliente faz uma verdadeira caminhada olímpica para se locomover entre os produtos.

Colocar as mãos na cintura é um gesto extremamente indelicado para o cliente. No Rio de Janeiro, certa vez, observei uma grande loja de varejo no centro da cidade. Os vendedores ficavam na porta, com os braços cruzados e conversando. Pareciam mais seguranças de portaria do que vendedores. Os possíveis clientes tinham de entrar por outra porta ou pedir passagem entre os dois. Eram barreiras quase intransponíveis para as vendas.

Muitas vezes as clientes transformam suas bolsas em barreiras, apertando-as na frente ao corpo. Tente diminuir essa tensão e fazer com que a bolsa fique de lado. Quando alguém entrar na loja com sacolas ou pastas, para fazer algumas compras, imediatamente se prontifique a guardar as sacolas. Mãos livres eliminam barreiras e facilitam as compras.

Enfim, o cliente deve estar o mais confortável possível.

Olhar direto

O contato visual deve ser direto, profissional, mas sempre franco. O vendedor não pode medir os clientes dos pés à cabeça. Depois dos primeiros momentos, o olhar afetivo pode ser utilizado.

Sorrir naturalmente atrai o cliente, diz a ele que o vendedor está receptivo. Evite o sorriso fingido. Normalmente as pessoas têm noção disso e o potencial para diminuir as vendas passa a ser alto.

Mantenha a boca fechada. Também não sorria demasiadamente. O vendedor tem de ser o mais natural possível.

Avalie atentamente os gestos do cliente, tanto de aprovação como de reprovação.

Diversos vendedores que entrevistei disseram que o momento de dizer o preço e as condições de pagamento é crítico. Por isso, trabalham de maneira intensa para diminuir a defensividade nessa hora.

Controle dos movimentos: mãos visíveis

Não exagere nos movimentos. Não faça gestos largos demais, nem afetados. Não coloque as mãos para trás. Ao demonstrar o produto, o vendedor deve ficar ao lado da pessoa. Evite colocá-la no meio, pois será uma barreira para a negociação.

Quando o comprador falar, tenha as mãos visíveis e com as palmas voltadas para cima. Indica que você está receptivo às ideias do cliente.

Conter os movimentos não significa timidez. Mostre confiança e empolgação, tanto no produto como na profissão. O bom vendedor vende o produto ao mesmo tempo em que vende as próprias qualidades.

Manter atenção no interlocutor

Durante todo o tempo, fixe a atenção no cliente. Não atenda ligações. O ritmo da negociação muitas vezes é quebrado por isso. Responda a todas as questões com um tom de voz moderado, mas em pequenos momentos acrescente alguma empolgação. Escute e fale na medida exata. O bom vendedor não fala mais que o cliente. Fala o necessário para ser compreendido.

Quando escutar os clientes, faça gestos de concordância com a cabeça. São muito produtivos no processo de venda.

Não se esqueça de observar os sinais corporais negativos. Sorrisos falsos, cabeça se mexendo em forma de não, espanto ao ouvir determinada informação (erguer as sobrancelhas e abrir os olhos), desânimo com as condições de crédito (ombros caídos, suspiros profundos). Tente minimizar todos eles assumindo uma postura proativa e positiva.

Espelhamento

Como foi dito no capítulo anterior, o espelhamento é usado para convencer os interlocutores. O bom vendedor sabe exatamente como realizar a técnica sem cair nos exageros.

Mesas para negociação

A mesa se torna uma barreira entre o cliente e o vendedor. Há alguns anos observei outra grande loja de varejo. A mesa retangular era potencializada por um monitor, que impedia o cliente de falar diretamente com o vendedor. Quando o vendedor explicava as várias condições de pagamento, literalmente escondia os dados, pois o monitor, por causa do seu tamanho, não podia ser virado para o cliente.

O ideal é a mesa redonda. O cliente deve ficar ao lado do cliente. Evitar todos os tipos de barreira é condição fundamental para as vendas.

Resumo das características

Neste capítulo vamos realizar um pequeno resumo, um guia das diversas características. Contudo, sem a completa leitura e compreensão dos capítulos anteriores, os resultados, ao aplicar somente estes conhecimentos, podem ser desastrosos.

Você deseja ser especialista em linguagem corporal. Fazendo uma comparação, tentar aprender qualquer outra língua utilizando somente o dicionário é pura perda de tempo. Ele sempre deve estar ao lado, mas não podemos abrir mão dos melhores professores.

Lembre-se que muitos gestos se misturam. Algumas vezes a pessoa pode estar nervosa, ansiosa e triste ao mesmo tempo. Ao relatar as mais diversas mentiras, ou apenas uma, é provável que o mentiroso insira verdades para ganhar credibilidade.

Sem dúvidas, tal situação amplia o grau de dificuldade para relatarmos com precisão determinados tipos de comportamento.

Nervosismo

O nervosismo se manifesta em vários graus e muitas vezes trata-se apenas de uma situação momentânea, como uma pessoa atrasada para o trabalho, no ponto de ônibus.

Quem é impedido de fumar por determinado período de tempo começa a mostrar sinais evidentes de nervosismo. Basta observar em aviões. Mesmo antes do embarque, o desconforto aparece.

Sinais de nervosismo e ansiedade costumam atacar adolescentes antes dos vestibulares ou até mesmo no momento de encontrar o namorado.

O mundo moderno ampliou consideravelmente as exigências para todas as pessoas. Assim, é notório o nervosismo nas grandes cidades. Basta entrar no carro para que os sinais de ansiedade, tensão e nervosismo apareçam como mágica. São eles:

- Movimentos aleatórios, de um lado para o outro, sem que existam motivos aparente.
- Apertar as mãos, torcer os dedos.
- Olhar para os lados e mover a cabeça constantemente.
- Apertar objetos, morder a ponta da caneta ou do lápis.
- Roer unhas. Especialmente os adolescentes.
- Movimentar os dedos de forma agitada.
- Tamborilar com as mãos, dedos e pés nas mesas ou no próprio corpo.
- Morder os lábios. Morder os dedos.
- Colocar e tirar as mãos dos bolsos várias vezes.
- Grasnar. Muitas vezes com abertura da boca e gestos faciais.
- Tagarelar de maneira desordenada.
- Respirar fundo e soprar de modo exagerado.
- Apertar as duas mãos em forma de soco e bater na mesa.
- Picar papel ou riscar com agressividade o caderno.
- Torcer objetos. Por exemplo: clipes.
- Coçar a cabeça como se a estivesse lavando.
- Tapar o rosto e esfregá-lo com as mãos.
- Cruzar os dedos das mãos de forma tensa e levá-los à boca, muitas vezes simulando mordida ou até mesmo mordendo.
- Sorriso nervoso.

Frustração

Trata-se de uma emoção que ocorre quando não conseguimos atingir determinados objetivos pessoais. Em determinados casos, pode ser coletiva, como quando o time de futebol perde a partida final. Nesse caso, obser-

Linguagem corporal   145

vam-se dois comportamentos: resignação e agressividade. E não só da própria equipe, como também da torcida. Felizmente, passada a raiva, chega a aceitação. A pessoa se rende.

O confronto, nas frustrações, não deve ser confundido com a raiva, embora possa ser seu resultado.

Também é fácil notar que, nesse tipo de emoção, quanto maior e mais importante for aquilo que desejamos, maior será a frustração, caso não tenhamos sucesso. Os sinais são:

Nas confrontações

▶ Contato visual raivoso.
▶ Voltar os ombros.
▶ Repetir as mesmas frases.
▶ Mãos em gestual alterado. Dedos em riste, quando há raiva.
▶ Invadir o espaço pessoal de quem motiva a frustração.
▶ Comportamento agressivo.

Na resignação

▶ Respiração mais agitada e rápida.
▶ Suspiros.
▶ Sentar dobrando a coluna sobre a barriga.
▶ Mãos na cabeça, como se quisesse segurá-la.
▶ Mãos abertas na altura do peito.
▶ Gestos e palavras dramáticas.
▶ Mãos na cintura.
▶ Ir embora ou fugir na resignação total.
▶ Jogar tudo para o alto: as mãos e até aquilo que carrega.

Raiva

Trata-se de um sentimento de protesto, insegurança e frustração. É exteriorizada quando alguém se sente ameaçado, física ou emocionalmente. Prolongada, transforma-se em rancor.

A raiva pode ter origens na inveja. A pessoa sente raiva por algo que a outra tem. Ou ela gostaria de ser como a outra. Muitas vezes, é fruto da imaturidade.

Quando por demais exagerada, a pessoa perde o controle e a razão. Assim, passa para a ira. Dizemos que a pessoa "virou o bicho", "está com o diabo no corpo", "está possuída" e outras expressões.

Não a confunda com o ódio, pois está repleta de componentes irracionais. No caso do ódio, a pessoa pretende atingir seus objetivos destrutivos utilizando a racionalidade. Raiva é uma emoção intensa, mas breve. O ódio chega a durar toda uma vida. Os sinais são:

- Respiração curta, agitada e rápida.
- Mandíbulas apertadas, com os lábios juntos ou dentes à mostra.
- Sinais de tensão nas mãos e em todo o corpo.
- Rigidez postural com travamento em determinadas posições.
- Punhos cerrados.
- Risos falsos.
- Dedos em riste, apontando para várias direções.
- Sinais de fechamento, com braços e pernas cruzados.
- Rosto vermelho.
- Movimentos corporais agitados e arrítmicos.
- Balançar os braços e o corpo de maneira agitada.

Humildade

A palavra humildade vem do latim *humus*, que significa terra. Considerada uma virtude, está ligada à modéstia, ao respeito, à reverência e à submissão. Normalmente a pessoa assume suas obrigações, erros e culpas sem grande resistência e com um baixo, ou quase nulo, nível de agressividade. Os sinais são:

- Controle da voz. Tom baixo.
- Ombros arqueados.
- Reverências demasiadas.

Olhar indireto, para baixo.

Facilidade para ouvir.

Mãos cruzadas em forma de súplica.

Mãos se apertando na frente do corpo.

Cabeça encolhida nos ombros.

Arrogância

Ao contrário da humildade, a pessoa arrogante se sente superior aos demais. Não deseja ouvir as considerações que lhe fazem, pois julga que já sabe e não precisa das observações dos que são menos preparados. Aqui se notam soberba, altivez exagerada e vaidade. O sentimento de autoconfiança aparece na postura. Normalmente deixa transparecer a desaprovação de tudo que o outro realiza ou fala. Quando não vê suas posições aceitas, o arrogante se exacerba e pode agir de forma agressiva. Ele tenta expressar sua condição aos demais por meio de palavras ou exibindo roupas, joias, carros e bens. Os sinais são:

Peito estufado, queixo levantado.

Gestos amplos, alguns com certo dramatismo.

Olhar os demais por cima.

Afastar-se de quem chega perto.

Medir as pessoas dos pés à cabeça.

Postura agressiva, posição do caubói.

Desprezo ao que dizem os demais.

Autoelogios em qualquer oportunidade.

Dificuldade para ouvir. Diz não com a cabeça, enquanto o outro fala.

Indecisão

Estado emocional de aflição. Manifesta-se em quem não consegue escolher entre o que tem à disposição. Quando as duas opções são desagradáveis, vive um dilema. Mais ou menos como um médico que precisa escolher um dos pacientes para salvar. O mesmo se aplica ao adolescente que não sabe se vai ao cinema com os amigos ou sai com a namorada no domingo. Sinais:

- Movimentos do corpo agitados, para a frente e para trás.
- Agitação nas mãos.
- Cabeça balançando para os lados.
- Abrir e fechar as mãos de forma arrítmica.
- Coçar a cabeça.
- Virar em torno de si mesmo, como se estivesse procurando respostas.

Preocupação

Como outras características, a preocupação tem se exacerbado nos últimos tempos. As pessoas vivem em estado de preocupação constante, não largam um só minuto de seus afazeres, estão ligadas durante 24 horas aos celulares, às contas bancárias, ao emprego. Com a preocupação, aparecem a ansiedade, a angústia, o nervosismo, o estresse. Sinais:

- Aqueles descritos na ansiedade.
- Movimentos de inquietação.
- Atitudes agitadas.
- Roer unhas.
- Morder a ponta dos lápis ou canetas.
- Atenção desfocada.
- Tamborilar no próprio corpo.
- Coçar a cabeça.

Vergonha

John Bradshaw conceitua a vergonha como a "emoção que nos deixa saber que somos finitos".

Consiste em ideias e estados emocionais, fisiológicos, geralmente um conjunto de comportamentos induzidos pelo conhecimento ou consciência de desonra, desgraça ou condenação. Em muitos países, torna-se motivo de suicídio. A pessoa não consegue lidar com o motivo que a levou à vergonha.

Às vezes a vergonha é produzida pela verbalização de insultos que colocam o outro em situação vexaminosa. Atualmente, a internet é utilizada também para a exposição pública das fraquezas ou defeitos de uma pessoa ou grupo. Os sinais são:

- Encolhimento corporal.
- Risos nervosos.
- Olhar para baixo, indireto.
- Rosto vermelho. Rubor facial.
- Afastar-se dos demais.
- Ficar embaraçado nas situações mais simples.

Liderança

Liderança é o processo de conduzir pessoas. É a habilidade de motivar e influenciar os demais ou de impor sua vontade a um grupo de pessoas.

Segundo Peter Koestenbaum, o atributo principal da liderança é a capacidade de administrar as polaridades.

Existem grandes diferenças nas posturas dos mais diversos tipos de líderes. O líder autoritário toma as decisões sozinho, despreza a vontade e os anseios dos demais. O democrático é participativo, aceita sugestões nos processos decisórios. O líder paternalista procura conciliar o grupo em relacionamentos amáveis.

Você pode observar que em todos existe confiança e motivação. Mas elas têm origens diferentes.

Nos autoritários, há agressividade, tensão, desconfiança, até mesmo medo. Nos líderes democráticos notam-se mais tranquilidade e respeito aos grupos. Os sinais são:

- Saber ouvir e falar no tempo certo.
- Agregam pessoas ao seu redor.
- Postura natural, ereta.
- Boa distância entre as pessoas.
- Seletivos e não invasivos.
- O cumprimento é direto com aperto de mão firme, incisivo.
- Olhar direto nos olhos dos interlocutores.
- Tom de voz constante, preciso, vibrante.
- Não se alteram diante do contraditório.
- Passos largos, firmes. Andam em linha reta na direção do outro.
- Sorriso natural, sem exageros.
- Roupas discretas, sem afetações.
- Tomam a frente quando andam em grupo.

Atenção

É um processo pelo qual focalizamos e selecionamos. Quanto mais intensa a observação de determinado objeto, maior a tendência à imobilidade, pois a concentração passa a ser total. O namorado que observa a amada fica com a atenção presa nela e nada que ocorra ao lado importa. A atenção concentrada é aquela que se processa em apenas um estímulo por vez.

Existem fatores motivacionais, fisiológicos e de concentração, para que a atenção não se disperse. Os sinais são:

- Contato ocular direto durante longos períodos de tempo.
- Diminuição dos movimentos, imobilidade.
- Mãos juntas no queixo, em forma de oração, inclusive com dedos entrelaçados.
- Mão na boca com o indicador no nariz, como se apontasse para o objeto.
- Inclinar a coluna e a cabeça em direção aos objetos.
- Franzir a testa e/ou as sobrancelhas.
- Inclinar-se para trás nas cadeiras, com ou sem a mão no queixo.

Linguagem corporal   151

- Aproximar-se com a cabeça e os olhos em pequeno movimento.
- Colocar as mãos abertas na cabeça, em forma de cabestro. Possibilita à pessoa isolar-se dos demais visualmente.

Defensividade

Na atualidade, é mais do que natural que as pessoas assumam os mais diversos tipos de comportamentos defensivos. Ao sair para o trabalho, normalmente ampliamos o nível de alerta em relação ao trânsito, às pessoas, ao material que carregamos. Ao chegar ao trabalho, muitas vezes não desarmamos esse estado de espírito. O mesmo ocorre na volta para o lar.

Observo, em minhas palestras, que o nível de defensividade varia de cidade para cidade, inclusive de acordo com a área pela qual estamos transitando. Antes de iniciar, tento baixar o nível de tensão do dia e diminuir a defensividade das pessoas presentes. Como disse no parágrafo anterior, a pessoa pode, de modo inconsciente, ter chegado ao local sem se desligar do alto nível de defensividade utilizado durante seu trajeto. Os sinais são:

- Unir os punhos, cerrar as mãos.
- Cruzar os braços e as pernas.
- Desviar os olhos para evitar confrontos.
- Respiração rápida, por vezes profunda.
- Abraçar objetos, como bolsas, pastas e outros.
- Cerrar os dentes, morder os lábios.
- Corpo voltado para as portas de saída.
- Pressa para sair do local ou da situação em que se encontra.
- Respostas negativas e curtas.

Impulsividade

Tendência para agir ou tomar decisões de maneira súbita e sem a devida reflexão. Não leva em conta todos os fatores envolvidos. Existe a dificuldade de controlar os impulsos e manter a inibição social e comportamental normais. Há casos de alterações neurobiológicas. O sinais são:

- Agitação corporal constante.
- Responder antes de ouvir a pergunta completa.
- Movimentos arrítmicos das mãos.
- Comer e beber rapidamente.
- Começar a fazer antes de ouvir toda a ordem.
- Impaciência diante de ambientes monótonos.
- Baixa tolerância à frustração.
- Rapidez na fala e nos movimentos.
- Dedos e mãos se movendo de forma agitada. Indicador e polegar batendo de forma alternada. Pressa.
- Dificuldade de esperar; especialmente em filas.
- Frases incompletas.
- Fazer duas ou mais coisas ao mesmo tempo.
- Sensível à provocação, crítica ou rejeição.

Estresse

O estresse é a resposta do organismo a determinados estímulos que representam circunstâncias ameaçadoras. Para se adaptar às novas situações, o corpo desencadeia determinadas reações que ativam a produção de hormônios, entre eles a adrenalina. Isso nos deixa em estado de alerta e em condições de reagir ao perigo que a situação representa.

O estresse é observado no comportamento corporal, contudo diagnosticado somente por especialista e com vários tipos de exames. É considerado por muitos o mal do século.

Não confunda irritação com estresse e não se precipite em fazer diagnósticos. O livro *Anatomia emocional*, de Stanley Keleman, da Editora Summus, traz impressionantes e elaboradas figuras a respeito da maneira como o estresse afeta o corpo humano. Os sinais são:

- Respiração curta e superficial. Sufocação, rubores, calafrios.

Linguagem corporal   153

- Palpitações cardíacas ou taquicardia.
- Mãos frias e suadas, boca seca. Mudanças no tom de voz.
- Vertigens, náuseas.
- Dificuldades de engolir. Má digestão, gastrite, úlcera.
- Prisão de ventre e diarreia. Flatulência.
- Acne, pele envelhecida, rugas, olheiras. Enfraquecimento das unhas.
- Seborreia, queda de cabelos, cabelos brancos.
- Diabetes, doenças psicossomáticas.
- Diminuição de libido, impotência sexual.
- Insatisfação com tudo.
- Irritabilidade, explosão sem motivos aparentes.
- A concentração e a memória diminuem.
- Insônia, sono agitado, pesadelos.
- Atividades que davam prazer se tornam sobrecarga.

18 — Tornando-se um especialista

O caminho para se tornar um especialista em linguagem corporal é o mesmo de outras especialidades: estudo, tempo, aplicação, vontade, determinação. Você deve atentar para a falibilidade da percepção humana e tomar extremo cuidado a cada observação e avaliação que realizar.

Knapp (2001) nos deu a certeza de que a capacidade de comunicação não verbal é parte da competência social. De um modo ou de outro, por meio de aprendizado, treinamentos ou instintivamente, temos noções de linguagem corporal. Aprendemos a técnica (inclusive de modo inconsciente) por meio de imitação, com respostas ou adaptação aos *feedbacks* dos pais, irmãos, amigos e chefes. O que estamos fazendo neste livro é aperfeiçoar a técnica.

Um exemplo muito simples pode resumir tudo. Peça a duas pessoas que descrevam determinado evento que acabou de ocorrer: um acidente de carro. Provavelmente você terá duas versões. Se perguntar aos envolvidos, elas também serão diferentes, quando não contrárias.

Sem contar que quanto mais se afastam do evento, mais as versões mudam ou sofrem variações de todos os tipos.

Nossas percepções estão estruturadas em padrões culturais, educacionais e pessoais, portanto, variam de pessoa para pessoa e em relação às regiões em que cada um nasceu e vive. Esses componentes são fatores capitais em nossas avaliações.

Muitas vezes, projetamos de maneira incessante nossas qualidades e defeitos em outras pessoas. O especialista fica bastante atento quanto a isso e mantém a atenção naquilo que avalia.

Linguagem corporal 155

Existe um fenômeno chamado percepção seletiva. Em determinados momentos, percebemos apenas aquilo que queremos e não o óbvio. Assim, o que o especialista escolhe para observar também influencia na percepção final. Temos vários critérios. Observar nossos pais, irmãos e parceiros, requer preceitos diferentes daqueles aplicados aos vizinhos, chefes e pessoas mais distantes.

A maneira como vemos o policial de trânsito passa a ser diferente depois da multa. A prevenção tende a aumentar, e a isenção, a diminuir.

A ordem como os eventos acontecem também influencia nossas percepções. A primeira impressão que temos de alguém, muitas vezes, é determinante para as próximas avaliações, que nem sempre são corretas. Por isso, avalie o fato em si e não com base naquilo que você já sabe das pessoas, mesmo sendo praticamente impossível em inúmeros casos.

Certa vez me perguntaram por que não me emocionei ao analisar determinado casal que havia cometido um bárbaro crime contra a própria filha. Eu disse simplesmente que, caso me emocionasse, perderia totalmente a isenção para analisar a conversa entre os dois e o repórter. Estaria contaminado pela emoção.

A palavra é cautela. O especialista em linguagem corporal deve ter sempre em mente que a avaliação ou descrição de determinado fato ou comportamento é apenas um dos muitos aspectos que deverão ser levados em conta na análise final.

Vários especialistas criaram as mais diversas técnicas para treinamentos de linguagem corporal. Mesmo que nenhuma seja perfeita, algumas estatísticas concluíram que as mulheres obtêm melhores resultados do que os homens.

As vantagens se ampliam no momento em que as mulheres avaliam os movimentos faciais e diminuem quando os gestos são espontâneos. Contudo, estudos sugerem que os homens são mais hábeis ao observar as expressões de raiva na face.

Porque, então, as mulheres são melhores na decodificação corporal?

Existem várias explicações. Entre elas, as da pesquisadora Patrícia Noller são bastantes consistentes.

Por que conhecem os papéis sociais gerais que comandam os relacionamentos interpessoais, a exibição geral e as regras de decodificação apropriadas a várias situações, e as regras mais específicas que comandam o uso dos sinais não verbais em particular.

Talvez isso tenha colaborado, ao longo do tempo, para reforçar o conceito de "intuição feminina", embora para os cientistas a intuição seja um termo vago, impreciso. Segundo Knapp, parte importante desse conceito diz respeito ao fato de as mulheres terem maior sensibilidade aos sinais não verbais.

Os fatos não indicam que os homens não são bons em sua capacidade de leitura corporal. Ao contrário, alguns desenvolvem a habilidade com mais precisão que a mulheres.

Nos grupos de internet, de linguagem corporal, tenho notado que a quantidade de homens é ligeiramente maior que a de mulheres, mas trata-se de uma observação empírica, que precisaria ser melhor estudada.

Fatores

As atitudes corporais sempre levam em conta diversos fatores:

- qualquer presença vai influenciar o observado;
- a situação é analisada tendo em vista seu contexto;
- os gestos são analisados em conjunto;
- os gestos mudam rapidamente e algumas vezes de forma aleatória.

A percepção de cada pessoa é diferente. Entretanto, ao observar o ser humano, temos em mente as infinitas possibilidades de interpretações. Seguindo alguns dados simples, chegamos a brilhantes e precisas conclusões. Aqui não se exclui o erro, mesmo das pessoas mais experientes.

Como observar:

- analise o conjunto da situação;
- observe os detalhes;

Linguagem corporal 157

- escolha o ponto que mais chama sua atenção: mãos, olhos, face etc.;
- não deixe de avaliar nenhum dos aspectos estudados;
- depois, volte ao conjunto.

Não é tão fácil quanto possa parecer, pois a dinâmica de uma conversação é muito grande e sofre mudanças repentinas. Certos acontecimentos duram apenas segundos.

Evite prejulgar qualquer tipo de situação. Existem gestos específicos de cada país que são interpretados de maneira diferente.

Boa sorte e muito estudo.

Bibliografia

ARGYLE, M. *Bodily communication 2. ed.* Madison: International Universities Press, 1988.

ARMSTRONG, D.; STOOKOE, W.; WILCOX, S. *Gestures and the nature of language.* Nova York: Cambridge University Press, 1996.

AXTELL, R. E. *Gestures. The Do's and taboos of body language around the world.* Nova Jersey: John Wiley & Sons, 1992.

BIRDWHISTELL, R. L. *Kinesics and context.* Filadélfia: University of Pennsylvania, 1970.

BYES, C. *El language del cuerpo.* Buenos Aires: Albatros, 2007.

RUSSEL, J.; FERNÁNDEZ-DOLS, J. *The psychology of facial expression.* Reino Unido: Cambridge University Press, 1977.

CORRAZE, J. *As comunicações não verbais.* Rio de Janeiro: Zahar, 1982.

COX, T. *Atração. Decodifique a linguagem do amor.* São Paulo: Fundamento, 2004.

DAVIS, F. *A comunicação não verbal.* São Paulo: Summus, 1979.

DIMITRIUS, J.; MAZZARELLA, M. *Como decifrar pessoas.* São Paulo: Alegro, 2000.

EKMAN, P. *Como detectar mentiras.* Barcelona: Paidos Ibérica, 2005.

_____. *Telling Lies.* Nova York: Holt Paperbacks, 2007.

_____. *Telling Lies.* Nova York: W.W. Norton & Company, 2009.

FELDMAN, R. S.; RIMÉ B. (ed.) *Fundamentals of nonverbal behavior.* Cambridge: Cambridge University Press, 1991.

FURNHAM, A. *Linguagem corporal no trabalho.* São Paulo: Nobel, 2001.

KNAPP, M. *La comunicacion no verbal: el cuerpo y el entorno.* Espanha: Paidos, 2001.

_____; HALL A. J. *Comunicação não verbal na interação humana.* São Paulo: JSN, 1999.

KUHNKE, E. *Body language for dummies.* Inglaterra: John Wiley & Sons, West Sussex, 2007.

Linguagem corporal   159

LEWIS, D. *The body language of children. How children talk before can speak*. Londres: Souvenir Press, 1978.

LLOYD-ELLIOTT, M. *Secrets of sexual body language*. Berkeley: Ulysses Press, 1994.

MCNEILL, D. *Hand and mind. What gestures reveal about thought*. Londres: University of Chicago Press, 1992.

MERLEAU-PONTY, M. *Fenomenologia da percepção*. São Paulo: Martins Fontes, 1999.

MORRIS, D. *O macaco nu*. São Paulo: Círculo do Livro, 1973.

_____. *Você. Um estudo objetivo do comportamento humano*. São Paulo: Círculo do Livro, 1977.

_____. *A mulher nua. Um estudo do corpo feminino*. São Paulo: Globo, 2005.

OLIVEIRA, A. C. *Falta gestual*. São Paulo: Perspectiva, 1992.

SILVA, A. A. *Julgamento de expressões faciais de emoções: fidedignidade, erros mais frequentes*. 1987. Tese (Doutorado) – Instituto de Psicologia da Universidade de São Paulo, São Paulo, 1987.

SILVA, L. M. G. et al. "Comunicação não verbal: reflexões acerca da linguagem corporal". *Revista Latino-americana Enfermagem*, Ribeirão Preto, v. 8, n. 4, p. 52- 58, ago. 2000.

SMITH, D. L. *Por que mentimos. Os fundamentos biológicos e psicológicos da mentira*. Rio de Janeiro: Campus, 2006.

VASCONCELLOS, L. R.; OTTA, E. "Comparação do comportamento gestual entre maus e bons oradores durante a comunicação em público". *Psicologia em Revista*, Belo Horizonte, v. 9, n. 13, p. 153-158, jun. 2003.

WEBER, L. N. D. "Sinais não verbais do flerte". *Psicologia Argumento*, XXIII, p. 25-36, 1998.

WEINBERG, R. S.; GOULD, D. *Psicologia do esporte e do exercício*. Porto Alegre: Artmed, 2001.

WEIL, P.; TOMPAKOW, R. *O corpo fala – a linguagem silenciosa da comunicação não verbal*. Petrópolis: Vozes, 2002.